Ulrike Wiebrecht

MARLENE DIETRICH IN BERLIN

BeBra Verlag

Inhalt

Marlene Dietrich: im Herzen Berlinerin

Auf einem der kleinsten Friedhöfe Berlins in der Stubenrauchstraße von Friedenau versteckt sich ein schlichtes, unscheinbares Grab. Die Aufschrift: »Hier steh ich an den Marken meiner Tage« und darunter »Marlene 1901–1992«. Im Mai 1992 wurde sie hier begraben. Mit ihrem Wunsch, hier die letzte Ruhe zu finden, bekannte sich Marlene Dietrich unmissverständlich zu Berlin und Deutschland. Nun war es an den Berlinern und den Deutschen, ihre Beziehung zu Marlene neu zu überdenken, denn an der Amerikanerin, die 1930 von Berlin nach Hollywood ging, um von dort aus die Welt zu erobern, schieden sich lange Zeit die Geister. Den einen galt sie als Vaterlandsverräterin, den anderen als mutige Antifaschistin, die sich für ihre Überzeugung mit aller Konsequenz eingesetzt hatte. Wie schwierig das Verhältnis zu Marlene Dietrich lange Zeit war, spiegeln die Diskussionen nach ihrem Tod wider. Einerseits haben sich die Bezirkspolitiker von Berlin-Schöneberg in unsäglicher Weise darüber gestritten, ob und mit welcher Straße die berühmte Tochter ihrer Stadt geehrt werden soll – bis endlich mitten im neuen Berlin ein Platz auf ihren Namen getauft wurde. Andererseits hat das Land Berlin den Nachlass der Dietrich erworben, in einem eigenen Archiv aufgearbeitet und die interessantesten Stücke im Filmmuseum Berlin der Öffentlichkeit zugänglich gemacht. Es eröffneten Bars und Restaurants, die als Hommage an die Weltbürgerin aus Schöneberg gedacht sind, und im Renaissance-Theater kam mit *Marlene* eins der erfolgreichsten Berliner Theaterstücke auf die Bühne.

Doch warum klafften die Meinungen über die Jahrhundertfigur Marlene Dietrich so weit auseinander? Warum hat man sie in ihrer Heimat beschimpft, während sie im Ausland verehrt wurde? Und welche Beziehung hatte sie selbst zu Berlin und Deutschland? Diesen Fragen geht das vorliegende Buch nach. Es beschreibt den Weg von der Schöneberger Offizierstochter zum »Girl vom Kurfürstendamm«, das sich auf den Bühnen der Metropole zum »Blauen Engel« hinaufarbeitete. Es zeigt, dass die Dietrich zwar den größten Teil ihres Lebens außerhalb der Heimat verbrachte, aber dennoch Berlin und Deutschland verbunden blieb. Die deutsche Sprache, der Berliner Humor, die Schnoddrigkeit prägten sie ebenso wie die preußische Disziplin, mit der sie bis zuletzt die eigene Legende bewahrte.

Als Sängerin, selbst als Köchin wurde sie zur Botschafterin der deutschen Kultur. Außerdem vermittelte sie der Weltöffentlichkeit als »erotischste Deutsche« ein sehr viel sympathischeres Bild, als es diese vom »typischen Deutschen« je hatte.

Erziehung zur Preußin

»Ich kam aus gutem Hause. Ich wurde gut erzogen, mit guten Manieren und dadurch habe ich einen großen Vorteil gehabt.«

Das »gute Haus«, aus dem Marlene Dietrich kam, steht in der Leberstraße 65, früher Sedanstraße 53, und ist nur an einer kleinen Gedenktafel zu erkennen. Mitten auf der »Roten Insel«, einem von Eisenbahngleisen umschlossenen Viertel in Berlin-Schöneberg, wurde die »Blonde Venus« am 27. Dezember 1901 geboren. Die Eltern gaben ihrer Tochter den bezeichnenden Namen Marie Magdalene – eine Mischung aus heiliger Jungfrau und Hure –, nannten sie aber Leni oder Lena. Erst später experimentierte das Schulmädchen mit seinem Doppelnamen und zog ihn schließlich zu »Marlene« zusammen.

Die Mutter, Wilhelmine Elisabeth Josephine Felsing, stammte aus einer wohlhabenden Juweliersfamilie, die in Berlin mehrere Uhren- und Schmuckgeschäfte unterhielt. So hatte sie das entsprechende Vermögen für eine Ehe mitgebracht, die ihren sozialen Aufstieg bedeutete. Denn Marlenes Vater, Louis Erich Otto Dietrich, war ein eleganter, stattlicher Offizier, der als Polizeileutnant im vierten Schöneberger Revier arbeitete. Zwar war das kein besonders hoher Posten. Dennoch genoss er als preußischer Beamter einiges Ansehen. Mit seiner strammen Haltung und dem Kaiser-Wilhelm-Bart war er ein typischer Vertreter der wilhelminischen Ära.

Im Gegensatz zu Berlin war Schöneberg zu jener Zeit noch ein bürgerliches Städtchen mit rund 90.000 Einwohnern vor den Toren der boomenden, kulturell brodelnden Industriemetropole. Dort wuchsen Marlene und ihre ein Jahr ältere Schwester Elisabeth in der Obhut von Gouvernanten auf. Noch bevor die beiden in die Schule gingen, wurden sie von Privatlehrern unterrichtet. Sie lernten Englisch und Französisch, Klavierspielen und alles, was zur Erziehung höherer Töchter gehörte. Dass sie nichts von diesem Weg ablenkte, darüber wachte vor allem die Mutter. Sie hatte sich ganz der Tugend und preußischen Pflichterfüllung verschrieben. Gefühle zu zeigen, verbot sich. Stattdessen hatte sie die militärische Disziplin noch mehr verinnerlicht als ihr Offiziersgemahl und versuchte, diese Werte auch an die Kinder weiterzugeben.

Das war für das kleine Mädchen nicht immer nachvollziehbar. Sie litt unter den strengen Regeln, versuchte wiederholt, sich der Kontrolle des »guten

Generals« zu entziehen. Aber gleichzeitig machte sie sich dessen Prinzipien zu eigen und sollte später in Anlehnung an Kants kategorischen Imperativ Freiheit als die »Erfüllung selbstauferlegter Pflichten« definieren.

Der Vater spielte dagegen nur eine Nebenrolle. Da er früh starb, behielt Marlene nur ein verschwommenes Bild zurück: »Hohe, imposante Statur, Ledergeruch, glänzende Stiefel, Reitpeitsche, Pferde«. Als notorischer Schürzenjäger hatte Otto Dietrich der Mutter allem Anschein nach manchen Kummer bereitet und zeitweise auch getrennt von der Familie gelebt, bevor er 1907 mit nicht einmal 40 Jahren starb. Auch wenn Marlene ihn später idealisierte und sich aufgrund seines Status zeitlebens als Offizierstochter fühlte, kann sein direkter Einfluss auf die Erziehung nicht allzu groß gewesen sein.

Prägend war allerdings die Schule, die Marlene von 1907 an besuchte. Auch wenn sie diese Zeit in der Auguste-Viktoria-Schule in der Nürnberger Straße 63 zunächst als grausamen Zwang empfand, war sie eine unauffällige Schülerin, die gewissenhaft ihre Hausaufgaben machte und gute Noten bekam. Für ihre Französischlehrerin Mademoiselle Breguand hegte Marlene eine besondere Sympathie. »Sie vertrieb meine Einsamkeit, meine kindlichen

Sorgen, meine Traurigkeit. Sie verkörperte meine Wünsche und gleichzeitig deren Erfüllung. Ich verbrachte meine ganze freie Zeit damit, mir Geschenke für sie auszudenken ... Dank Mlle Breguand war die Schule kein Gefängnis mehr, sondern eine Art große Stadt, in der ich meine heimliche Liebe zu finden wusste.« Die Lehrerin spornte sie nicht nur an, mehr für Französisch zu arbeiten, das längst ihr Lieblingsfach war. Sie weckte in ihr auch eine lebenslange Liebe zu Frankreich.

Doch als der Erste Weltkrieg begann, war die Lehrerin plötzlich verschwunden – offensichtlich hatte sie als Vertreterin des feindlichen Nachbarn das Land verlassen müssen. Viel mehr nahm Marlene in den ersten beiden Kriegsjahren allerdings nicht wahr von den Ereignissen, die die Welt in Atem hielten. Was sie dagegen im Innersten bewegte, war unter anderem ihre elegante Tante Vally. Sie bewunderte deren Aussehen und mondäne Umgangsformen, die im diametralen Gegensatz zum zurückhaltenden Auftreten ihrer Mutter standen. Ansonsten ging Marlene ins Kino oder vergnügte sich auf der Eisbahn, die im Winter gesellschaftlicher Treffpunkt war und wo sich Jugendliche beiderlei Geschlechts in zwangloser Atmosphäre begegnen konnten. Auch beim Tanzunterricht streckte sie vorsichtig ihre Fühler nach jungen Männern aus. Das Benehmen war inzwischen auch nicht mehr ganz so vorbildlich, wie es Elternhaus und Schule wünschten. »Ich hab' nun schon einen Tadel und fünf Rügen, ich hoffe stark, noch gut zu bringen in Betragen ...«, vertraute sie 1914 ihrem Tagebuch an.

Langsam rückte die Realität des Krieges in den Vordergrund, 1916 starb auch Marlenes Stiefvater Eduard von Losch. Ihre Mutter hatte den Offizier aus Dessau geheiratet, nachdem sie ihm einige Zeit – vielleicht aus ihrer materiellen Not als Witwe heraus – den Haushalt geführt hatte. Durch die Ehe war die Familie finanziell abgesichert. Aber es mochten für Josephine neben den materiellen Interessen auch Gefühle eine Rolle gespielt haben. Jedenfalls besuchte sie den Verwundeten an der Front, bevor er seinen Verletzungen erlag, und kehrte tief betrübt zurück. Marlene indes schien der Tod des Stiefvaters nicht besonders nahe gegangen zu sein. »Nun sind alle tot«, notierte sie lapidar.

Die Familie zog zeitweise nach Dessau, wo es Marlene besonders eintönig vorkam. Immer wieder flüchtete sie sich in Liebeleien, schwärmte für junge Männer, zum Teil auch für Frauen wie die Gräfin Gersdorff, die sie in Bad Liebenstein kennen lernte: »Gräfin Gersdorff, mein Herz brennt vor Liebe zu

Ihnen«, steht am 17. Juli 1917 in ihrem Tagebuch. »Sie denkt, ich hab sie gern, wie Lise sie gern hat, aber diesmal ist es Leidenschaft, tiefe, große Liebe«. Die leidenschaftlichen Gefühle waren allerdings nicht von langer Dauer. Es kamen und gingen immer wieder andere Menschen, an die sie ihr Herz verlor. Nur eine Person verehrte Marlene über mehrere Jahre hinweg: Henny Porten, Deutschlands ersten großen Filmstar. Sie trug deren Foto in einem Medaillon bei sich, schickte dem Stummfilmstar Postkarten, die sie selbst koloriert hatte, ließ sich Autogramme zurückschicken, verfolgte sie auf der Straße und wachte vor Portens Haus in der Kurfürstenstraße, das nicht weit von der damaligen Wohnung ihrer Mutter in der Tauentzienstraße 13 entfernt war. Einmal schenkte sie ihrem Idol auch rote Nelken, die sie von ihrem Taschengeld gekauft hatte. Ein anderes Mal brachte sie ihr ein Geigenständchen – und wurde zu einer Tasse Schokolade hereingebeten.

Während an der Front die Kämpfe tobten und die Lage immer katastrophaler wurde, nutzte Marlene, noch ohne es genau zu wissen, die Zeit, um sich auf die spätere Karriere vorzubereiten. Sie schulte ihr Auge nicht nur an Filmen, sie besuchte auch Theater- und Opernaufführungen, sah die deutschen Klassiker, griechische Tragödien und

Ballettaufführungen im Schillertheater. Vor allem aber befasste sie sich mit Musik. Neben Klavier und Geige lernte sie auch Laute spielen und absolvierte den Instrumentalunterricht mit strenger Disziplin. Die Geige kristallisierte sich dabei immer mehr als Hauptinstrument heraus. Marlenes Mutter gab mehr als 2000 Mark für eine neue Violine aus, die offensichtlich den Grundstein zu einer professionellen Beschäftigung legen sollte. »Die Geige ist fein«, schreibt Marlene am 28. Juni 1917 in ihrem Tagebuch, »sie klingt ganz anders und ist viel kleiner. Ich werde also ausgebildet. Na, das kann ja noch niedlich werden mit dem Üben«.

Unterdessen machten sich Nahrungsmittelknappheit und sonstige Entbehrungen immer stärker bemerkbar. Die Stimmung im Land wurde düsterer. Das bekam auch Marlene zu spüren. »Das einzig Gute, was ich sagen kann zu dieser Zeit: Es gab keinen Zucker. Wir hatten alle gute Zähne«, resümiert sie später in ihren Memoiren und arrangierte sich mit den schwierigen Bedingungen. Nie würde sie sich als Opfer widriger Umstände begreifen. Dass sie selbst ihr Schicksal in die Hand nehmen, ihr Leben selbst bestimmen, es modellieren muss wie der Bildhauer den rohen Stein – das war die wichtige Lektion, die sie in diesen Jahren lernte.

Marlenes Hauptinteresse galt in dieser Zeit nicht etwa dem Kriegsgeschehen, sondern Flirts und Liebeleien: »Sonnabends und Sonntag küsse ich mich immer wieder satt für die Woche«, schrieb sie im September 1919. »Eigentlich müsste ich mich schämen; alle, die ich frage, ob mein Urteil über mich recht ist, bestätigen es: Zum Amüsieren, Küssen etc. bin ich gut, aber zum Heiraten!! Gott bewahre! Das kommt aber auch durch mein Benehmen …Wo soll denn da auch die Achtung herkommen? Für meine grenzenlose Sinnlichkeit kann ich ja aber nichts«. Also schon jetzt von Kopf bis Fuß auf Liebe eingestellt? Da schien Gefahr im Verzug, weshalb die Mutter Marlene ins Internat nach Weimar schickte.

In der Stadt, in der kurz zuvor die neue Verfassung verabschiedet worden war, sollte sie sich dem Geigenstudium widmen. Die 18-Jährige ordnete sich ohne Widerrede unter. Sie war sogar begeistert, denn Weimar war die Stadt einer ihrer großen ideellen Lieben: »Während der letzten Schuljahre hatte ich begonnen, Goethe regelrecht zu vergöttern, und es ist kein Wunder, dass ich mein ganzes Leben lang sein Denken andächtig in Ehren gehalten habe«, schrieb sie später. Doch im Internat ging es alles andere als schwärmerisch zu. Die Vorsteherin, Fräulein Arnoldi, führte ein strenges Regiment und hielt die besorgte Mutter über alles auf dem Laufenden. Trotzdem konnte sie nicht verhindern, dass Marlene auch hier ihre eigenen Wege ging. Dabei kam die Jugendliche mit Vertretern des Bauhauses in Kontakt, die sich etwa zur gleichen Zeit in Weimar angesiedelt hatten. Sie machte Bekanntschaft mit Alma Mahler-Gropius, dem Bühnenbildner Lothar Schreyer und deren freiheitlichen Ideen. Sie lernte auch so manchen Mann kennen, den sie durch ihr exaltiertes Auftreten auf sich aufmerksam machte. »Wenn ich anders wäre und von Vergnügungen nichts wollte, oder tun könnte, was mir gefiele, dann würde vielleicht etwas aus mir …«, beginnt sie selbst in ihrem Tagebuch an der eingeschlagenen Laufbahn zu zweifeln. Hinzu kam, dass der Geigenunterricht nicht den gewünschten Erfolg versprach. Ihr Privatlehrer, Professor Reitz, interessierte sich mehr für seine Schülerin selbst als für deren Fortschritte im Violinenspiel und wurde ihr erster Liebhaber. Spätestens da war für die Mutter der Zeitpunkt gekommen, den kostspieligen Abenteuern ihrer Tochter ein Ende zu setzen. Kurz entschlossen holte sie sie 1921 nach Berlin zurück. Dort spielte Marlene vorübergehend in einem Stummfilmorchester Geige, um sich Geld zu verdienen – und machte dabei erstmals nähere Bekanntschaft mit dem Kino.

Inzwischen hatte sie sich ein neues Ziel gesetzt: »Ich beschloss, Theaterschauspielerin zu werden, denn das Theater war der einzige Ort, wo man schöne Texte und schöne Verse vortragen konnte wie die von Rilke, die mir das Herz brachen und doch zugleich auch wieder Mut machten«, erklärte sie später. Nachdem sie bereits Gesangs- und Tanzstunden bekommen hatte, setzte sie nun gegen den Willen ihrer Mutter durch, dass sie auch Schauspielunterricht erhielt.

Von diesem Moment an sollte sie ihr Leben endgültig selbst in die Hand nehmen, mit knapp 20 Jahren war ihre Jugend ein für alle Mal zu Ende gegangen. Aber sie empfand es nicht als jähen Bruch, vielmehr als eine Entwicklung, der eine Logik innewohnte: »Ich habe eine wunderbare Kindheit gehabt«, schreibt sie in ihrer Autobiografie. »Und viel Glück dazu. Trotz meiner Fehler, des Todes meines Vaters, trotz meiner vom Krieg geprägten Kinderjahre war meine frühe Jugend schön; ich lernte, auf manche ›guten Dinge‹ zu verzichten und dennoch zu leben. Ergebnis: am Ende meiner Jugend ›stand ich mit beiden Beinen fest auf der Erde‹«.

Beginn einer Karriere

»Als Joseph von Sternberg mich für den Blauen Engel auswählte, engagierte er eine Unbekannte.«

Die Zwanzigerjahre des letzten Jahrhunderts werden immer wieder als eine rauschende Zeit, eine einzige, nicht enden wollende Party verklärt. Doch wenn man genau hinsieht, waren diese Jahre nicht nur golden. Zumindest die erste Hälfte der Dekade war in Deutschland eine Zeit voller Widersprüche. Hinter dem Mythos der Roaring Twenties standen Putschversuche, politische Instabilität und eine galoppierende Inflation. Es gab innen- und außenpolitische Krisen, die die Weimarer Republik erschütterten und die Bevölkerung verunsicherten. Aber gleichzeitig war die Stadt eins der blühenden kulturellen Zentren Europas. Nachdem die konservativen Werte der wilhelminischen Ära mehr und mehr über Bord geworfen worden waren, konnten sich Architektur und Bildende Kunst, Literatur, Musik und Theater entfalten wie selten zuvor. Unter dem Einfluss Max Reinhardts entwickelte die Stadt sich zur spannendsten Bühnenlandschaft des Kontinents. »In Berlin war damals jeden Tag Premiere«, schreibt Walther Kiaulehn.

Für Marlene begannen die Zwanzigerjahre nicht unter den besten Voraussetzungen. Sie versuchte es mit Werbeaufnahmen für Schallplatten und Mode, mit Tingeltangel, kleinen Theater- und Filmrollen, bevor sie endlich die Chance bekam, ihr wirkliches Können unter Beweis zu stellen. Es sollte Jahre dauern, bis sich erste Erfolge einstellten und fast ein Jahrzehnt, bis sie es endgültig geschafft hatte. Der Einstieg war das Kabarett. Diese Berlin-typische Kunstform brachte einen neuen Typ der Berlinerin hervor: die selbstbewusste, mondäne, leicht frivole Großstädterin mit eigenem Stil und Witz. Eine von ihnen war Marlene Dietrich, die bald zum »Girl vom Kurfürstendamm« werden sollte. Die Welt des Varietés und der leichten Muse, die sich insbesondere am Kudamm auf den zahlreichen Bühnen entfaltete, schien wie geschaffen für Marlene. Hier konnte sie nicht nur ihr musikalisches Talent einbringen, sondern auch ihre langen Beine. Ihr Debüt gab sie ihrem Biografen Steven Bach zufolge im Kellerclub vom Theater des Westens in der Hardenbergstraße, danach spielte sie auf verschiedensten Berliner Kabarett-Bühnen. Sie soll in der Revue-Truppe von »Guido Thielschers Girl Kabarett« aufgetreten und in den kessen Produktionen von Rudolf Nelson Bühnenerfahrungen gesammelt haben.

Doch mit diesem Image wollte sich die Tochter aus gutem Hause, die Rilke und Goethe verehrte, nicht auf Dauer zufriedengeben. Sie hatte sich vorgenommen, eine ernstzunehmende Schauspielerin zu werden. 1922 sprach sie deshalb an einer der renommiertesten Schauspielschulen Europas vor, der von Max Reinhardt. Erst einen melancholischen Text aus Hugo von Hofmannsthals Theaterstück *Der Tor und der Tod*, den sie sich selbst ausgesucht hatte, dann Gretchens Gebet aus Goethes *Faust*. So sehr sie sich bemühte, die tragischen Worte mit Leben zu füllen – sie konnte die Prüfer nicht überzeugen. Doch sie gab nicht auf. Zusammen mit Grete Mosheim nahm sie privaten Schauspielunterricht bei einem Dozenten der Reinhardt-Schule, Dr. Berthold Held. Der Unterricht war offenbar von mäßiger Qualität. Grete Mosheim zufolge konnte ihnen der von sich eingenommene Mitarbeiter und Freund Max Reinhardts nicht viel beibringen. Durch den Unterricht an Reinhardts Schule bekamen sie allerdings Zugang zu dessen Bühnen. Schon im September 1922 durfte Marlene in den Kammerspielen des Deutschen Theaters in der Schumannstraße in die Rolle der Ludmilla Steinherz in Frank Wedekinds *Die Büchse der Pandora* schlüpfen. Kurz darauf spielte die 20-Jährige im Großen Schauspielhaus, dem ehemaligen Zirkus Schumann in der Karlstraße, in Shakespeares *Der Widerspenstigen Zähmung* mit. Wieder war die Rolle der Witwe nichts Anspruchsvolles. »Ich brauchte nur drei Sätze zu sagen, aber das war mehr, als man mir bisher je zugestanden hatte«, schreibt sie über den Auftritt. Von nun an ließ die junge Dietrich keine Gelegenheit aus, um auf der Bühne zu stehen. Sie war bereit, für erkrankte Kolleginnen einzuspringen und für mehrere Auftritte an einem Abend von einem Theater zum anderen zu hetzen, hier das Dienstmädchen, dort eine Halbweltdame zu spielen, wenn sie bloß im Rampenlicht stehen konnte.

Inzwischen hatte Marlene auch versucht, beim Film unterzukommen. Sie war eine begeisterte Kinobesucherin und die laufenden Bilder übten eine magische Anziehungskraft auf sie aus. 1929 gab es allein in Berlin 363 Kinos, für die 79 in der Stadt ansässige Filmproduktionen 173 Spielfilme drehten. In verschiedenen Stadtteilen waren Studios entstanden, und in Neubabelsberg bei Potsdam hatte sich das Ateliergelände der Universum-Film AG (Ufa) zu einem der größten Filmstudios Europas entwickelt. In dieser Zeit hatte der deutsche Film auch auf dem internationalen Markt eine wichtige Rolle inne. Dazu trugen Regisseure wie Ernst Lubitsch, Friedrich Wilhelm Murnau, Georg Wilhelm Pabst oder Fritz Lang zusammen mit Darstellern wie Conrad Veidt, Werner Krauss, Emil Jannings, Lil Dagover und Louise Brooks bei.

Von all dem nahm Marlene zunächst nur am Rande Notiz. Noch hatte sie keinen Blick für die großen Meister der Leinwand, ihre Themen und ihre Sprache. Sie war von den melodramatischen Geschichten und den Gestalten, die sie erzählen, eingenommen. Für sie persönlich war das Kino eine Fortsetzung des Theaters mit anderen Mitteln. Aber sie spürte, dass hier möglicherweise ihr zukünftiges Betätigungsfeld lag. Ihren ersten nachweisbaren Auftritt hatte sie in *So sind die Männer* von Georg Jacoby, der auch unter dem Titel *Der kleine Napoleon* bekannt ist. Zwar war sie weder mit der winzigen Rolle noch mit dem Ergebnis zufrieden – »Ich sah aus wie eine Kartoffel mit Haaren«, soll sie die Bilder kommentiert haben –, aber es war immerhin ein Anfang, auf dem sich aufbauen ließ. Schon wenig später gab ihr Wilhelm Dieterle in seiner Guter-Samariter-Geschichte *Der Mensch am Wege* eine zweite Chance. Sie spielte eine junge Krämerstochter, die typische Rolle der jungen Naiven, auf die sie sich schon im Theater vorbereitet hatte. Doch im Grunde passte sie gar nicht zu ihr. Mit der Zeit wurde ihr bewusst, dass ihr Part in Film und Theater eigentlich ein ganz anderer war: »Ich musste mir also einen anderen Stil aneignen«, erklärt sie rückblickend, »mühsam in die Haut einer anderen Frau schlüpfen. Ich mochte sie nicht, diese Frau. Aber ich lernte brav alle ihre abscheulichen Sätze.«

Noch bevor sie diese neuen Sätze beherrschte, fiel ihr eine weitere Rolle zu: die der Ehefrau und Mutter. Daran war ausgerechnet *Die Tragödie der Liebe* schuld. Für den Film des Regisseurs Joe May, bei dem neben Emil Jannings dessen Frau Mia May mitspielen sollte, wurden Schauspielschülerinnen der Max-Reinhardt-Schule gesucht, die bereit waren, in dem Streifen Statistinnenrollen von halbseidenen Damen zu übernehmen. Regieassistent Rudolf Sieber hatte die Aufgabe, sich die Kandidatinnen näher anzusehen. Unzählige junge Frauen stellten sich ihm vor. Unter anderem Marlene. Um sich von den Mitbewerberinnen abzuheben und möglichst extravagant zu erscheinen, präsentierte sie sich in einer Art Negligé mit Federboa und grünen Handschuhen. »In diesem Kleid sah sie lächerlich aus. Wie ein Kind, das sich als Erwachsene verkleidete! Ich wollte lachen, aber natürlich konnte ich nicht. So gab ich ihr die Rolle. Sogar in diesem Plunder schien sie die Richtige zu sein für die Rolle der Lucie«, beschrieb Rudolf Sieber seiner Tochter Maria zufolge seine erste Begegnung mit Marlene. Als der attraktive Rudolf Sieber im eleganten Tweedanzug vor ihr stand, verliebte sie sich Hals über Kopf in ihn und teilte schon kurze Zeit später ihrer Mutter mit, dass sie den Mann kennengelernt habe, den sie heiraten wolle. »Ich liebte Rudolf Sieber«, erinnert sie sich später, »aber nicht, weil er mir half, sondern weil er schön war, blond, groß, klug – alles, was ein junges Mädchen sich wünscht.« Sieber seinerseits war für die Reize der kessen jungen Frau nicht unempfänglich.

Während sie in der *Tragödie der Liebe* die Geliebte eines Rechtsanwalts spielte, wurde sie im richtigen Leben die Geliebte des österreichisch-tschechischen Regieassistenten und bald darauf seine Frau. Marlene Dietrich wurde mit 21 Jahren am 17. Mai 1923 im Rathaus von Berlin-Friedenau Frau Sieber, um anschließend in der Kaiser-Wilhelm-Gedächtniskirche, ihrer Lieblingskirche, vor den Traualtar zu treten. In der Anfangszeit ihrer Ehe waren Marlene und Rudi, wie sie ihn nannte, das perfekte Paar. Jung, gutaussehend und voller Energie genossen sie das Leben. Sie gingen aus, stürzten sich ins Berliner Nachtleben und eroberten die quirlige Szene der Großstadt. In dieser Zeit war das Verhältnis der beiden offenbar von Liebe und Leidenschaft gekennzeichnet. »Ich bin sehr zufrieden, weil ich weiß, dass er glücklich ist, und sehne mich sehr nach einem Kind. Da wir möbliert wohnen (damals in der Kaiserallee 17, der heutigen Bundesallee; die Autorin) und keine Aussicht haben, eine Wohnung zu bekommen, geht das jedoch nicht. Aber ein Kind lässt sich durch nichts ersetzen, und ich werde dann wohl zu Mutti ziehen.«

Der unbedingte Wunsch nach einem Kind wurde erfüllt, aber die tiefen Gefühle der beiden Eheleute füreinander sollten im Laufe der nächsten Jahre merklich abkühlen und Marlene machte bald wieder ihren zahlreichen Verehrern schöne Augen, während Rudi nach hübschen Schauspielerinnen Ausschau hielt – und fündig wurde. Dabei scheint Eifersucht kaum ein Thema gewesen zu sein. Vielmehr bestand zwischen den beiden eine Übereinkunft, nach der sie sich Beziehungen mit anderen Partnern zugestanden. Ihre eigene Liebesbeziehung verwandelte sich währenddessen in eine lebenslange Freundschaft. Während Marlene die Familie ernährte, wurde Rudi zum Freund, Mentor und Berater seiner Frau und übernahm in gewisser Weise die Rolle des nicht vorhandenen Vaters. Er beriet sie in finanziellen und beruflichen Fragen, handelte ihre

Verträge aus, brachte Ordnung in ihre Papiere und bewahrte dabei auch alles Wichtige für die Nachwelt, für die »Legende« auf. »Rudi hatte immer einen erstaunlich feinen Instinkt, wenn es darum ging, was für das berufliche Image seiner Frau nützlich sein konnte …«, erinnert sich die gemeinsame Tochter Maria. Im Übrigen wurde er sogar bei unzähligen Affären ihr Vertrauter, hatte das richtige Rezept für jede Situation und spendete auch Trost bei Liebeskummer.

Das Wichtigste war für beide Marlenes Karriere. Die war zwar zum Zeitpunkt der Eheschließung noch lange nicht gesichert, aber ihr Drang zur Leinwand ließ sich nicht aufhalten. Noch im selben Monat, in dem sie vom Mutterglück träumte, stand sie wieder vor der Kamera. *Der Sprung ins Leben* heißt der Film von Dr. Johannes Guter, in dem Marlene eine Badenixe spielt und zu dessen Dreharbeiten sie an die Ostsee fuhr. Kaum war sie zurück in Berlin, stand sie auch wieder auf der Bühne: Erst in dem Boulevardstück *Mein Vetter Eduard*, dann in Shakespeares *Ein Sommernachtstraum* im Theater in der Königgrätzer Straße (der heutigen Stresemannstraße), wo sie die Amazone Hypolita spielte. Weitere Auftritte hatte sie in Frank Wedekinds *Frühlings Erwachen* und in Björnsons *Wenn der neue Wein wieder blüht.* Bis zu Molières *Der eingebildete Kranke*, in dem sie ein Dienstmädchen verkörpert, spannt sich der Bogen ihres schauspielerischen Repertoires: Zwei Jahre nachdem sie bei der Aufnahmeprüfung an Max Reinhardts Schauspielschule durchgefallen war, konnte sie bereits auf ein Dutzend Bühnenproduktionen und vier Filme zurückblicken.

Diese Phase wurde erst durch die Schwangerschaft unterbrochen. Kurz vor ihrem eigenen Geburtstag brachte Marlene am 13. Dezember 1924 ihre Tochter Maria zur Welt. Zunächst widmete sie sich ganz der Pflege des Babys, stillte es hingebungsvoll und stellte fest, dass sich für sie die ganze Welt veränderte, dass »sich plötzlich alles nur noch um ein Kind in einer Wiege« drehte. »Ein Heim ohne Kind ist kein Heim«, war sie überzeugt und betrachtete das Mutterglück als das höchste auf Erden.

Allerdings hielt auch dies sie nur für begrenzte Zeit zu Hause fest. War das Verlangen, wieder im Rampenlicht zu stehen, stärker als die mütterlichen Gefühle? Oder waren es finanzielle Erwägungen, die sie dazu bewegten, ihre Arbeit wieder aufzunehmen? Nach einjähriger Pause wurde Maria, genannt Heidede, in die Obhut von Josephine von Losch gegeben, um der jungen Mutter die Rückkehr zur

Bühne zu ermöglichen. Zunächst wirkte Marlene in Bernard Shaws Stück *Zurück zu Methusalem* mit, das im November 1925 Premiere hatte. Bald darauf begannen die Proben für die Komödie *Duell am Lido* von Hans J. Rehfisch. Darin fiel die ehrgeizige Schauspielerin als Garçonne in Hosen nicht nur den Kritikern auf. Auch Hedda Adlon, die mit ihrem Mann eine der Vorstellungen im Staatlichen Schauspielhaus am Gendarmenmarkt besucht hatte, blieb die dralle Erscheinung in Erinnerung: »Albert Patry spielte einen alten vornehmen General, dessen Tochter Lou, im Gegensatz zum Vater, äußerst mondän und dekadent, kurz ein Mädchen vom Typ des Vamps, war«, heißt es in ihrem Buch *Hotel Adlon*. »Sie trug ein Monokel, rauchte Zigaretten und war sehr verführerisch und gefährlich.« Monokel, Krawatte und Hosen wurden Bestandteil des androgynen Images, das Marlene von nun an kultivierte.

Bescheidener und weniger markant sind dagegen die Rollen, die sie in den Filmen dieser Zeit spielte. Für Arthur Robinson stand sie in *Manon Lescaut* in den Ufa-Studios in Berlin-Tempelhof und Neubabelsberg vor der Kamera. Der Film wurde im Februar 1926 im Ufa-Palast uraufgeführt. Kurz darauf arbeitete sie für den Regisseur Alexander Korda in *Eine Dubarry von heute* und *Madame wünscht keine Kinder.* Beides Nebenrollen, die sie offensichtlich ihrem Ehemann zu verdanken hatte, der für Korda tätig war. Doch sollte sie sich auch in dieser Hinsicht bald von Rudi Sieber emanzipieren. In den folgenden Filmen von Willi Wolff – *Kopf hoch, Charly* und *Der Juxbaron* – kam sie nicht nur ohne ihn zurecht, sie spielte nun auch anspruchsvollere, tragende Rollen. Vor allem in der Komödie *Der Juxbaron*, wo sie als Sophie Windisch versucht, sich einen reichen Baron zu angeln, konnte sie geschickt ihr Aussehen und das ihr eigene Temperament ins Spiel bringen. Dabei kündigte sich ein weiteres ihrer Markenzeichen an: der Augenaufschlag, der sich zwar teilweise aus der für den Stummfilm nötigen Art zu spielen erklärt, aber dennoch ein besonderes Charakteristikum Marlenes werden sollte.

Ein weiteres Erkennungszeichen hatte sie der Revue *Von Mund zu Mund* von Erik Charell zu verdanken, die vom 22. Oktober 1926 an im Großen Schauspielhaus, dem späteren Friedrichstadtpalast, aufgeführt wurde. Marlene sprang für eine erkrankte Darstellerin ein und lernte auf diese Weise Claire Waldoff kennen. »Wie scheen det Kind ist! Und die Beene! Ik sare nur – die Beene! Aus der kann wat wern«, soll die rothaarige Ulknudel Curt Riess zufolge ausgerufen haben. Die Berliner »Institution«

mit knapp 20-jähriger Bühnenerfahrung, deren lesbische Neigungen allzu bekannt waren, soll sie nicht nur in die Geheimnisse der gleichgeschlechtlichen Liebe eingeweiht, sondern ihr auch zu einer eigenen Vortragsweise verholfen haben. Steven Bach geht jedenfalls davon aus, dass »die Waldoff Marlenes Stil entwickelte und sie in die Kunst einwies, wie man ein Lied vorträgt, ohne eine einwandfreie Stimme zu besitzen«. Nach diesem Meilenstein in ihrer künstlerischen Entwicklung spielte Marlene bis März 1927 noch kurz bei einem eher unbedeutenden Film mit – *Sein größter Bluff* in der Regie von Harry Piel –, um bald darauf erstmals für einige Zeit ihre Heimatstadt der Karriere wegen zu verlassen.

Statt in Berlin auf interessante Angebote zu warten, folgte sie Willi Forst nach Wien. Sie hatte den Schauspieler vermutlich im Salon von Betty Stern in der Barbarossastraße in Berlin-Schöneberg kennen (und lieben) gelernt. Jetzt ergab sich für sie die Möglichkeit, an Forsts Seite im Auftrag einer österreichischen Filmgesellschaft bei *Café Electric* mitzuwirken. Ihre Tochter überließ sie dem in Berlin verbliebenen Ehemann und einem neuen Familienmitglied, der Russin Tamara Matul: »Während meine Mutter in Wien arbeitete, war oft eine ihrer Freundinnen bei uns. Sie hieß Tamara. Mein Vater und meine Mutter nannten sie ›Tami‹ … In meiner ganzen Kindheit blieb Tami meine Freundin, sie war der Mensch, den ich am meisten liebte.« Während sich also die Weißrussin liebevoll um die Zweieinhalbjährige und deren Vater kümmerte, der von nun an ihr Lebensgefährte war, drehte Marlene mit dem Regisseur Gustav Ucicky den Film mit dem deutschen Titel *Wenn ein Weib den Weg verliert*, der im November 1927 Premiere hatte. Außerdem übernahm sie zwei Bühnenrollen in den Wiener Kammerspielen und im Theater in der Josefstadt: In dem New Yorker Erfolgsstück *Broadway*, einer schmalzigen Liebes- und Detektivgeschichte, durfte die knapp 26-Jährige vom September an zusammen mit fünf anderen Girls viel Bein zeigen. Kurz darauf, im November 1927, lief die Komödie *Die Schule von Uznach* von Carl Sternheim an, in der sie die Rolle der Thylla Vandenbergh übernahm.

Aus Wien brachte Marlene Dietrich die Rolle der Ruby aus *Broadway* mit, die ihr den nahtlosen Übergang zu den Berliner Bühnen ermöglichte. Denn schon im März 1928 wurde *Broadway*, das »amerikanische Zeitbild in drei Akten«, im Berliner Komödienhaus aufgeführt. Während das Berliner Publikum wieder auf Marlene aufmerksam wurde, lag auch schon der nächste Erfolg in der Luft: »Es war mir gesagt worden, ich sollte mich bei einem gewissen Forster Larrinaga vorstellen, in der ›Komödie‹, einem bezaubernden kleinen Theater am Kurfürstendamm, das ebenfalls Max Reinhardt unterstand. Dort fand das Vorsprechen für die nächste Inszenierung statt, eine Art Musical ganz neuen Stils (auch ›literarische Revue‹ genannt)«, erklärt Marlene, wie sie zu ihrer Rolle in *Es liegt in der Luft* kam. Regie führte Robert Forster Larrinaga, Buch und Text waren von Marcellus Schiffer, die Musik stammte von dem Komponisten Mischa Spoliansky.

Die Revue *Es liegt in der Luft*, die im Mai 1928 Premiere feierte, spielte in einem Warenhaus. Protagonisten sind zwei Freundinnen, die davon besessen sind, alle herabgesetzten Restposten zu kaufen. Eine der Schnäppchenjägerinnen, die, wie sie behaupten, »aus sexueller Not« heraus sogar stehlen, war Marlene, die andere war Margo Lion, die Frau des Regisseurs.

Besonderen Erfolg hatten die beiden mit ihrem Duett *Wenn die beste Freundin mit der besten Freundin*, das bald ganz Berlin trällerte. Die Musik, der Text, die Darbietung – alles war gelungen. Eine zusätzliche pikante Note bekam die Nummer dadurch, dass sich beide einen Veilchenstrauß in

Schulterhöhe an die schwarzen Kleider steckten. Dass dies das untrügliche Zeichen für lesbische Anwandlungen war, will Marlene nicht gewusst haben. Doch die begeisterten Zuschauer verstanden die Botschaft. Spätestens jetzt war Marlene keine Unbekannte mehr, in Berlin hat ihr die Revue zum Durchbruch verholfen.

Auf der Leinwand ließ ein vergleichbarer Erfolg noch auf sich warten. In einem in den Ufa-Studios in Berlin-Tempelhof produzierten Film spielte sie *Prinzessin O lala*, die ein unerfahrenes Paar in die Liebe einzuweisen hat. Dem *Filmkurier* zufolge hatte sie bloß ein »Kokottchen« zu mimen, machte aber »ein Garbo-Ereignis« daraus: »Viele Garbos leben auf der Welt – hier ist wieder eine«, heißt es in einem Artikel vom 6. September 1928. Dabei perfektionierte sie die Rolle, die ihr auf den Leib geschrieben schien: die der kessen und schnoddrigen Femme fatale, des lasziven Vamp.

In *Die Frau, nach der man sich sehnt* bekam Marlene ihre zweite Hauptrolle. In der Verfilmung des Romans von Max Brod spielt sie eine Frau, die sich nach dem Mord an ihrem Ehemann mit ihrem Geliebten (Fritz Kortner) auf der Flucht befindet und im Zug einen anderen Mann kennenlernt, in den sie sich verliebt. Sie versucht, mit ihm zu fliehen, wird aber von ihrem Geliebten entdeckt und erschossen. In ihrer ersten tragischen Rolle wirkt sie teilweise überzeugend, teilweise unbeholfen. Jedenfalls fällt ihr Spiel gegenüber dem von Fritz Kortner deutlich ab und fand bei der Uraufführung am 29. April 1929 relativ wenig Beachtung.

Dafür konnte sie mit der neuen Revue *Zwei Krawatten* die Berliner für sich gewinnen und an den Erfolg von *Es liegt in der Luft* anknüpfen. Wieder stammte die Musik von Mischa Spoliansky, wieder führte Forster Larrinaga bei diesem Stück von Georg Kaiser Regie. Im Mittelpunkt des Geschehens stand ein Kellner (Hans Albers), der vor einer Millionenerbin flieht, um einem armen deutschen Mädchen zu folgen, das dann selbst 40 Millionen erbt. Marlene schlüpfte dabei in die Rolle der Dollarprinzessin Mabel. Zwar hatte sie keine tragende Rolle, doch begeisterte durch Tanz und Spiel, wodurch sie den Zuschauern noch lange in Erinnerung bleiben sollte.

Im Mai 1929 schmückte Marlenes Porträt das Titelbild des *Magazins*. Mit dem Chefredakteur F. W. Koebner soll Marlene in dieser Zeit eng befreundet gewesen sein. »Eilig hastet sie durchs Foyer zur Treppe. … Den beiden Herren in den dunklen Anzügen fallen fast die Augen aus dem Kopf. …

FWK, sprich: Effweka, weiß, dass sie auf dem Weg zu ihm ist. ›Bitte keine Telefonate, bitte keine Störung‹, weist er die Sekretärin an und klemmt das Monokel fester. Da ist sie. ›Marlene, wie schön.‹« So zitiert Martina Rellin in *Marlene, Gerda und »Das Magazin«* eine ehemalige Mitarbeiterin vom Empfang, die diese Zeit miterlebt hat. »Galant zieht er sie in seinen Arm und die Tür hinter sich zu. ›Natürlich sagte man, der Chefredakteur hätte ein Verhältnis mit der Dietrich …‹«

Ihre besondere Ausstrahlung muss es auch Josef von Sternberg angetan haben, als er die Revue *Zwei Krawatten* sah und bald darauf Marlene die Rolle im *Blauen Engel* gab. Er suchte bereits seit geraumer Zeit nach der Hauptdarstellerin für sein neuestes Filmprojekt. »Während ich das Drehbuch diktierte, führte jeder seine Geliebte in mein Büro, und jede enthüllte ihre Reize, die, in einer Person vereinigt, mehr als begehrenswert gewesen wären. Die eine hatte die richtigen Augen, die andere eine anmutige Haltung, die nächste X-Beine, und dann kam eine mit einer Stimme, die unwiderstehlich war. Aber ich wusste nicht, wie ein halbes Dutzend Frauen die Rolle spielen sollten«, beschreibt der Regisseur in seiner Autobiografie das Dilemma. In einem Schauspielerkatalog hatte man ihm auch Fotos von

Marlene präsentiert, die er aber uninteressant fand – bis er sie in *Zwei Krawatten* auf der Bühne erlebte: »In dieser Aufführung sah ich Fräulein Dietrich in Fleisch und Blut, wenn man das sagen kann, denn sie hatte sich so vermummt, als versuche sie, jeden Teil ihres Körpers zu verbergen. Sie hatte kaum etwas auf der Bühne zu tun, und man sah wenig von ihr. Ich erinnere mich nur an einen einzigen Satz, den sie sprechen musste. Aber es war das Gesicht, das ich suchte, und soweit ich erkennen konnte, stand ihre Figur dem in nichts nach. Außerdem besaß sie etwas, was ich nicht erwartet hatte, und das verriet mir: die Suche war beendet. Sie lehnte sich mit kalter Verachtung für die grotesken Possen an die Kulissen. Das stand in deutlichem Gegensatz zu dem Übereifer der anderen, denen man gesagt hatte, sie müssten mir ein Beispiel der großen Schauspielkunst auf deutschen Bühnen liefern … Ihr Aussehen war ideal. Was sie damit tat, war eine andere Sache. Das war meine Aufgabe.«

Josef von Sternberg war im Sommer 1929 aus Amerika gekommen, um für die Ufa in Neubabelsberg den ersten Tonfilm zu drehen. Nachdem sich der gebürtige Österreicher vom kleinen Filmvorführer zum Regisseur der renommierten Paramount in Hollywood hochgearbeitet und mit Gangsterfilmen einen Namen gemacht hatte, sollte er nun einen Film in deutscher und englischer Sprache machen, mit dem die Berliner Produktionsgesellschaft den amerikanischen Markt erobern wollte.

Die männliche Hauptrolle sollte Emil Jannings übernehmen. Auch er hatte bereits Hollywood-Erfahrung, mit *Betrayal* sogar einen ersten Tonfilm gemacht und einen Oscar für seine Rollen in *The Last Command* und *The Way of All Flesh* bekommen. Er war nicht nur überaus beliebt beim Publikum, er sprach auch leidlich Englisch – und schien somit in der Lage, die schwierige Aufgabe meistern zu können.

Im Mittelpunkt des Films steht Professor Immanuel Rath aus Heinrich Manns 1905 verfasstem Roman *Professor Unrat oder Das Ende eines Tyrannen*, der entdeckt, dass seine Schüler im zwielichtigen Nachtlokal »Der Blaue Engel« verkehren und für die Nachtclubsängerin Lola Lola schwärmen. Als der Lehrer das Lokal und die ordinäre Künstlerin näher in Augenschein nimmt, verfällt er selbst der feschen Lola. Da eine Heirat der Varietésängerin mit seinem Beruf nicht vereinbar ist, gibt er den Schuldienst auf und verdient sich fortan mit unwürdigen Clown-Nummern sein Geld. Lola zeigt ihrem älteren Ehemann derweil die kalte Schulter und flirtet mit anderen Verehrern. Als der Gehörnte die Untreue zu erwürgen versucht, wird er in eine Zwangsjacke gesteckt. Zum Schluss kehrt die einstige Autoritätsperson als gebrochener Mann an den Katheder des Klassenzimmers zurück und stirbt in geistiger Umnachtung.

Nachdem Josef von Sternberg Marlene Dietrich in der Revue gesehen hatte, bestellte er sie am nächsten Tag zu sich. »Ein ganzes Abendessen lang wurde darüber gestritten, was meine Mutter bei ihrem ersten Gespräch mit dem ›großen amerikanischen Regisseur‹ tragen sollte. Sie wollte unbedingt im Kostüm einer ›Hafendirne‹ erscheinen. Mein Vater bestand darauf, dass sie sich wie eine Dame kleidete«, erinnert sich Maria an die aufregenden Unterhaltungen in ihrem Elternhaus und fährt fort: »Zu ihrer ersten Begegnung mit Josef von Sternberg in den Ufa-Studios kam Marlene Dietrich in ihrem besten Kostüm mit weißen Glacéhandschuhen. Zwei Silberfüchse hatte sie über ihre Schultern gehängt, um sich ein bisschen mehr Selbstvertrauen zu geben.« Für Josef von Sternberg stellte sich die Begegnung wiederum folgendermaßen dar: »Als Fräulein Dietrich am späten Nachmittag vor mir saß, tat sie nicht das geringste, um mein Interesse zu wecken. Sie saß in einer Ecke des Sofas gegenüber meinem Schreibtisch, schlug die Augen nieder und war die verkörperte Gleichgültigkeit. Ich hatte die komprimierte Weiblichkeit vor mir, die für meinen Film von allergrößter Bedeutung war, und sie versuchte, sich in Nichts aufzulösen. Sie trug ein heliotropfarbenes Winterkostüm mit passendem Hut und Handschuhen und einen Pelz.«

Trotzdem ließ Sternberg Probeaufnahmen von ihr machen. Zu denen kam Marlene unvorbereitet, ohne Noten und auch nicht im richtigen Kostüm. Auf Sternbergs Geheiß musste sie ein Paillettenkleid anziehen, das er selbst absteckte, um ihre Figur zu betonen, und ein deutsches sowie ein englisches Lied singen. »Ich tauchte sie in Licht, bis die Alchemie gelungen war, und dann machte ich die Probeaufnahmen. Sie erwachte zum Leben und reagierte auf meine Anweisungen mit einer Leichtigkeit, wie ich es bislang noch nie erlebt hatte. Sie schien an all der Mühe, die ich mir mit ihr gab, Gefallen zu finden …«, heißt es in seiner Autobiografie. Marlene beschrieb die Szene Maria gegenüber folgendermaßen: »Da war ein Klavierspieler, der kannte das Lied nicht, und du kannst dir schon denken, was dann passiert ist. Und ich wurde wütend – das war genau das, was dieser von Sternberg wollte! Er sagte, ich soll weitersingen und wirklich wütend werden, wenn der Mann falsch spielt. Das tat ich dann – und dann dachte ich, ich muss noch was anderes tun, und ich kletterte auf das Klavier, setzte mich hin und machte meine Beene schön und hab gesungen ›Wenn man auseinandergeht‹!« Ähnlich, wie sie es bald darauf im *Blauen Engel* tat. So kurz die Szene ist, sie nimmt eindeutig die selbstbewusste, sinnlich-vulgäre Lola Lola vorweg. Marlene selbst bekam den kurzen Streifen nie zu sehen, aber die Nachwelt kann dieses erstaunliche Dokument im Berliner Filmmuseum bewundern.

Die Schauspielerin erhielt einen Vertrag, der mit 20.000 Reichsmark (25.000 für den Fall, dass sie auch noch die englische Version bewältigen sollte) dotiert war und sich im Gegensatz zu den Honoraren von 40.000 und 75.000 Dollar, die dem Regisseur und dem Hauptdarsteller zugestanden wurden, recht bescheiden ausnahm. Trotzdem war die junge Schauspielerin überglücklich und feierte die Zusage der Ufa ausgiebig im Familien- und Freundeskreis. Bevor im November 1929 die Dreharbeiten in den Ufa-Studios in Neubabelsberg begannen, bereitete sie sich systematisch auf ihre Rolle vor, sah sich sogar im Dirnenmilieu um, um sich dort möglichst authentische Anregungen für Spiel und Kostüme zu holen. Dieses Engagement wusste Josef von Sternberg offenbar zu schätzen: »Er nahm Einfluss auf die Wahl meiner Kleider, ermunterte mich, weitere zu entwerfen, was ich mit großer Begeisterung tat«, schreibt Marlene. »Ich staffierte meine Kostüme mit Zylindern und Arbeitermützen aus, ersetzte den Schmuck durch Bänder, Quasten und Borten, alles, was meiner Meinung nach für ein Animiermädchen aus einer billigen Hafenkneipe erschwinglich war.«

Nachdem schließlich das Outfit der Lola, das schon für sich allein Filmgeschichte machte, perfekt war, konnte der »Leonardo da Vinci der Kamera« mit seiner Arbeit beginnen. Auch hier erwies sich Marlene als gelehrige Schülerin. »Bei den Dreharbeiten war sie wunderbar«, schreibt von Sternberg. »Ihre Aufmerksamkeit richtete sich nur auf mich. Kein Requisiteur hätte aufmerksamer sein können. Sie verhielt sich, als sei sie mein Dienstmädchen; es entging ihr nie, wenn mir ein Bleistift fehlte; sie brachte mir einen Stuhl, wenn ich mich setzen wollte ...« Für Marlene wiederum war es ein grenzenloses Vergnügen, »den großen Meister bei der Arbeit zu beobachten«. Sie erkannte seine Autorität an und war bereit, sich ihm völlig unterzuordnen. »Ich war immer das brave Mädchen, das den Anweisungen seines Herrn und Meisters gehorchte. Er ließ mich nie im Stich. Ich war für ihn da – und er war für mich da, jedenfalls glaubte ich das.« Diese Zusammenarbeit, bei der sich zwei große Talente vollkommen ergänzten, ist ein seltener Glücksfall in der Filmgeschichte. Sie sollte noch viele Früchte tragen. Allerdings mussten dafür auch Opfer gebracht werden. »Es kam eine Zeit, in der meine Mutter oft weinte und mein Vater sie im Arm hielt und ihr Mut zusprach: Alles würde zu einem guten Ende kommen. Der Berliner Jargon machte ihr am meisten zu schaffen, obwohl sie ihn perfekt beherrschte. Das eigentliche Problem für die ›Tochter aus gutem Hause‹, wie sie sich gern bezeichnete, lag darin, das auf der Szene und vor von Sternberg zugeben zu müssen ... ›Immerzu sagt mir von Sternberg, ich kann nicht die ›feine Dame‹ spielen. Dauernd schreit er mich an! ›Sie sind eine Schlampe! Haben Sie das verstanden, meine verehrte Weimarer Mädchenpensionatsabsolventin?‹«, zitiert Maria ihre Mutter.

Großen Anteil am Erfolg des *Blauen Engels* hatte nicht nur die großartige Mitwirkung des Oscar-Preisträgers Emil Jannings, sondern auch die Musik von Friedrich Hollaender. Seine Songs *Ich bin die fesche Lola* und *Kinder, heut' Abend such' ich mir was aus*, zu denen er die Musik und zusammen mit Robert Liebmann auch die Texte geschrieben hat, tragen zum besonderen Reiz des Films bei.

Vor allem mit seinem Song *Ich bin von Kopf bis Fuß auf Liebe eingestellt* gelang es ihm, das Lebensgefühl der Lola Lola auf den musikalischen Punkt zu bringen. Zwar schämte sich Marlene zunächst beim Singen: »... das andere Lied, von dem alle so schwärmen, ist schrecklich, irgendwas von Männern, die mich umschwirren wie Motten das Licht und ich kann halt Liebe nur und sonst gar nichts ... Gott sei Dank, wenn *Der Blaue Engel* erst einmal abgedreht ist, muss ich das nie mehr singen!«, soll sie sich ihrer Tochter zufolge beklagt haben. Aber der Song ist ein unvergänglicher Hit geworden. Ähnlich wie die Posen, die sie beim Singen einnimmt: Wie sie rittlings mit Strapsen auf dem Stuhl sitzt und die Ellenbogen auf die Lehne stützt oder wie sie sich mit gekreuzten Beinen auf der Tonne räkelt – das wurde von unzähligen Frauen und Männern imitiert und später als ihr »offizielles Markenzeichen« sogar rechtlich geschützt.

Die Zusammenarbeit zwischen Regisseur und Hauptdarstellerin beschränkte sich nicht allein auf die Dreharbeiten. Aus Neubabelsberg zurückgekehrt, setzten sie die Besprechungen in Marlenes Wohnung im Kreis der Familie fort. Maria hielt sich in dieser Zeit tagsüber bei ihrer Großmutter Josephine von Losch auf, die einige Häuser weiter in der

Kaiserallee 135 wohnte. Sie bekam ihre Mutter immer erst abends zu Gesicht und erinnert sich, dass es zu jener Zeit kein anderes Gesprächsthema gab als den Film und dass »ein stämmiger kleiner Mann mit einem großen, nach unten gezogenen Schnurrbart und den traurigsten Augen, die ich je gesehen hatte« zu Besuch kam. In dieser Zeit ihrer Beziehung habe sich ihre Mutter verhalten, als wäre von Sternberg ein Gott, meinte Maria. »Wenn sie seinen Mantel in die Garderobe hängte, streichelte sie den Stoff, als besäße er Zauberkräfte. Sie kochte nur Speisen, von denen sie wusste, dass er sie mochte, und tat ihm noch vor meinem Vater auf, der damit völlig einverstanden zu sein schien.«

Während die fesche Lola ganz auf Liebe eingestellt war, war Marlene also ganz auf von Sternberg und von Sternberg wiederum ganz auf Marlene eingestellt. Die gegenseitige Bewunderung der beiden mündete unvermeidlich in eine Freundschaft und Liebesbeziehung. Die beruhte, was Marlene betrifft, sicher weniger auf der äußeren Attraktivität von Sternbergs, sondern auf der Tatsache, dass sie in ihm denjenigen gefunden hatte, der sie modellierte wie ein Bildhauer den rohen Stein. Sie spürte die Liebe, die er ihr hinter der Kamera – und bald auch jenseits der Kamera – entgegenbrachte. Sie war ihm gegenüber demütig und dankbar wie unzählige ihrer Äußerungen bezeugen: »In Wirklichkeit war ich nie ganz sicher, bis von Sternberg sich um mich bemühte. … als Schauspielerin war ich eine Null, nur durch seine geheimnisvollen Methoden wurde ich zum Leben erweckt. Ich war nichts als ein gefügiges Werkzeug, eine Farbe auf der reichen Palette seiner Ideen und Bilder«, schreibt sie im Geleitwort zu Josef von Sternbergs Autobiografie.

Auf der anderen Seite war auch von Sternberg dankbar für das Modell, das er formen konnte und liebte sein Geschöpf wie ein Vater sein Kind. Wobei er sich seiner Bedeutung vollkommen bewusst war: »Marlene, das bin ich«, sagte er später über die Entstehung des Mythos.

Als die Dreharbeiten Ende Januar abgeschlossen waren, konnte Josef von Sternberg den Film nicht mehr zu Ende schneiden – diese Aufgabe musste Sam Winston übernehmen. Berufliche Verpflichtungen riefen den Regisseur, nachdem sein Vertrag mit der Ufa beendet war, nach Hollywood zurück. Doch bevor er Berlin verließ, hatte er den Chef der Paramount, B. P. Schulberg, auf Marlenes Talent hingewiesen. So erhielt Marlene am 29. Januar 1930 ein Telegramm, in dem die Paramount ihr einen Sieben-Jahres-Vertrag mit einem Anfangsgehalt von

500 Dollar pro Woche anbot. Zunächst reagierte sie ablehnend. »Woher weiß ich, was mich dort erwartet?«, fragte sie ihren Mann. »Ein Land, das einen Hund zum Filmstar macht, kann man nicht ernst nehmen. Und was ist mit dem Kind? Das Kind etwa über den ganzen Ozean schleppen?« Die Bedenken waren allzu verständlich. Außerdem gab es noch ein anderes Problem: die Verpflichtung, weiter für die Ufa zu arbeiten, falls die ihre Option für einen weiteren Film wahrnehmen würde.

Das allerdings wollten die Direktoren erst entscheiden, nachdem sie die Produktion gesehen hatten. Als ihnen im Februar 1930 das vorläufige Ergebnis präsentiert wurde, waren sie entsetzt. Sie fürchteten, der *Blaue Engel*, der den Professor derart lächerlich macht, werde beim Publikum durchfallen. Für Marlenes schauspielerische Leistung hatten sie keinen Blick. Im Gegenteil, ihre provozierende Frivolität erschien ihnen höchstens als zusätzlich heikel. Sie sorgten sich ausschließlich um die investierten Summen und nicht um die Option auf einen weiteren Film mit Marlene. Damit war ein Hindernis auf ihrem Weg nach Hollywood ausgeräumt. Nun lag es nur noch an Rudi, seine Frau davon zu überzeugen, dass sie die große Chance nicht ungenutzt verstreichen lassen durfte.

Inzwischen hatte man auch einen neuen Vertrag ausgehandelt, den Marlene noch im Februar unterschrieb: Sie verpflichtete sich zunächst für die Mitwirkung an zwei Filmen, für die sie eine Gage von 1750 Dollar pro Woche erhalten sollte. Als *Der Blaue Engel* im Gloria-Palast nahe der Gedächtniskirche uraufgeführt wurde, hatte sie ihre Koffer bereits gepackt und sich von ihrer Tochter Maria verabschiedet. Noch am selben Abend wollte sie mit dem Zug nach Bremerhaven fahren und sich dort auf der »Bremen« Richtung New York einschiffen. Doch bevor sie zum Bahnhof Zoo eilte, hatte sie noch einen letzten Auftritt in dem nahegelegenen Premierenkino: »Man überredete sie, sich nach der Vorführung auf der Bühne zu verneigen«, schreibt Josef von Sternberg über den Abend, den er selbst nicht miterleben konnte. »Sie glaubte, der Film würde für sie das Ende und die Vergessenheit bedeuten. Es ist erfreulich festzuhalten, dass sie nicht erschien, als müsse sie möglicherweise unauffällig durch den Hinterausgang verschwinden und zum wartenden Zug eilen, sondern in einer eleganten und glanzvollen Robe, wie es einem Star entsprach. Sie wurde mit donnerndem Beifall bedacht. Der Start der Reise in die Stratosphäre des Ruhmes war gut gewählt …«

Geburt des Mythos

»Plötzlich wird es ernst. Die Trennung von Berlin wird mir nicht leicht fallen. Erstens, weil ich hier zu Hause bin, zweitens, weil eben Berlin Berlin ist. Warum soll ich es nicht sagen: Ich fürchte mich ein wenig vor Hollywood …«

Noch während der Schifffahrt erfuhr Marlene, wie begeistert der *Blaue Engel* bei Presse und Publikum aufgenommen worden war. Hin- und hergerissen zwischen Heimweh und großer Lust auf neue Herausforderungen sah sie der Ankunft in New York entgegen. Dabei war sie überzeugt, dass sich der Aufenthalt in den USA auf eine begrenzte Zeit beschränken würde.

Um einen Star aufzubauen, reichte es auch damals nicht aus, eine gute Schauspielerin zu sein. Entscheidend für die Vermarktung eines Darstellers war und ist sein Image. Deshalb arbeitete Josef von Sternberg konsequent an der Marke Marlene. Schon die erste Tätigkeit für die Paramount im Streifen *Paramount on Parade*, einem Kurzfilm, der als Werbematerial für den Filmmarkt bestimmt war, war prägend für Marlenes weitere Karriere. Sie trat in Frack und Zylinder auf und viele Amerikaner nahmen Anstoß an diesem Erscheinungsbild. Nachdem von Sternberg dieses androgyne Erscheinungsbild in *Morocco* wiederaufnahm, wurde es nicht nur zu ihrem unverwechselbaren Markenzeichen, sondern darüber hinaus zur Mode, die bald viele Amerikanerinnen kopierten. Auffallend schnell bekam Marlene so etwas wie Kultcharakter. Dazu musste sie selbst einiges beitragen. Sie hatte Diät zu halten, machte Gymnastik, nahm Englischunterricht und unterzog sich einem konsequenten Styling. Zu ihrem charakteristischen Aussehen gehörten die hohen Augenbrauen, die verlängerten Wimpern und die durch Make-up vergrößerten Augen. So erscheint sie auch im Film *Morocco.* Als er im November 1930 in die Kinos kam, überboten sich die Kritiker mit Lobeshymnen und das Publikum rannte in die Kinosäle, um mit eigenen Augen den Film zu sehen, der alle Kassenrekorde brach. Nach einem halben Jahr in Amerika war Marlene ein Weltstar. Der Mythos Marlene war geboren. Und von dem zehrte sie ein Leben lang.

Im Übrigen sind die sechs Filme, die Marlene mit von Sternberg bei der Paramount drehte, allesamt Meisterwerke, was Fotografie, Regie und Inszenierung des Stars angeht. Wobei sie vom Inhalt her eher dürftig sind und immer das gleiche Schema wiederholen: Ob sie in *Morocco* und *Shanghai Express* (1931) die mysteriöse Ausländerin ist, in *Dishonored* (*X 27, Entehrt*) eine österreichische Spionin, eine deutsche Preußenprinzessin in *The Scarlet Empress* (*Die scharlachrote Kaiserin*, 1934), die *Blonde Venus* (1932) oder die spanische Tänzerin aus *The Devil is a Woman* (*Der Teufel ist eine Frau*, 1935) – jedes Mal umweht sie der Hauch des Fremden, Exotischen, der sie zusammen mit dem entsprechenden Styling unnahbar erscheinen lässt.

Inzwischen nahmen auch die Spannungen mit von Sternberg zu. Die zunehmend selbstbewusste 30-Jährige hatte sich in totale Abhängigkeit von ihm begeben: »Er war mein Beichtvater, Kritiker, Lehrer, derjenige, der sich auf alle meine Bedürfnisse einstellte, Berater, Geschäftsmann, Agent, Fürsprecher, er half mir, mit mir selbst und in meinem Haus in Frieden zu leben, er war mein absoluter Herr; ob es sich darum handelte, einen Rolls-Royce zu kaufen, einen Chauffeur einzustellen oder mir beizubringen, dass das Unterzeichnen von Schecks eine ernsthafte Angelegenheit ist. Er lehrte mich Tausende von Dingen, neben der englischen Sprache und meinem Beruf als Schauspielerin.« Was er nicht akzeptieren konnte, waren die neuen Liebhaber, mit denen er sich Marlene in Hollywood teilen musste.

Abgesehen von ersten Konflikten und der Tatsache, dass sie Äußerlichkeiten des amerikanischen Lebensstils störten – gegen die amerikanische Küche kochte sie beharrlich mit deutschen und österreichischen Spezialitäten wie Leberknödel, Sauerkraut oder Kohlrouladen an –, fehlte ihr die Familie: ihre Tochter Maria und Rudi als Berater. Sie stellte sich immer wieder die Frage, ob sie sich vielleicht in Deutschland nach Arbeit umsehen sollte? Paramount wollte Marlene unbedingt in Hollywood halten und beeilte sich deshalb, ihr einen neuen Vertrag mit einer wesentlich höheren Gage zu geben. Erst als sie den in der Tasche hatte, fuhr der Star im Dezember 1930 nach Berlin, um nach mehr als einem halben Jahr ihre Familie wiederzusehen.

Sie kam gerade rechtzeitig zum sechsten Geburtstag ihrer Tochter, feierte mit ihr Weihnachten und den eigenen 29. Geburtstag. »Die Rückkehr meiner Mutter kündigte sich durch die Ankunft ihrer neuen Überseekoffer an, die sie nach eigenen Vorstellungen in Amerika hatte anfertigen lassen ... Eine Sekunde lang erkannte ich die schlanke, elegante Dame nicht, die in unsere Wohnung trat. Dann wurde ich von oben bis unten abgeküsst und wusste, dass meine Mutter wieder zu Hause war. Aber sie hatte sich verändert. Sie besaß eine mir noch fremde Autorität und Selbstsicherheit, als hätte sich eine Königin in einen König verwandelt.« Vertraut wird ihrer Tochter Maria der »König« erst wieder, als er zu essen anfängt: »Sie häufte sich noch eine Ladung Kohlrouladen auf den Teller. Sie musste völlig ausgehungert sein. Gerade erst vor dem Essen hatte ich sie ein großes Stück Schwarzbrot verdrücken sehen, dick bestrichen mit Gänseschmalz …«

Gleichzeitig fand das Wiedersehen mit alten Bekannten und Freunden aus Berliner Zeiten statt. Doch nicht nur für ihre Tochter Maria war Marlene eine andere geworden. Auch für die Berliner war sie jetzt nicht mehr das Girl vom Kurfürstendamm, sondern ein Weltstar mit entsprechender Ausstrahlung. So ist es kein Zufall, dass der Bildhauer Ernesto de Fiori die Dietrich in dieser Zeit mit einer Büste porträtierte, die für das New Yorker Museum of Modern Art gedacht war – und nur bis ins Heimatmuseum von Schöneberg gelangte.

Ob die Berliner ahnten, dass sich Marlene bald endgültig von Deutschland verabschieden würde? Wissen konnten sie es nicht. Das wusste zu diesem Zeitpunkt noch nicht einmal Marlene selbst. Politische Erwägungen spielten hierbei noch keine Rolle, auch wenn es bereits klare Anzeichen für das gab, was sich in den folgenden Jahren in Deutschland ereignen sollte. Am 24. April 1931 reiste sie mit ihrer Tochter Maria erneut nach Amerika, da sie vertraglich an die Paramount gebunden war. Sie spielte allerdings immer wieder mit dem Gedanken, nach Europa zurückzugehen. So plante sie für Herbst 1932 einen Besuch in der Heimat und schrieb am 8. September an Rudolf Sieber: »Die ›Bremen‹ fährt am 10. Oktober ab. Ich gebe das Haus zum nächsten Monat auf. Dem Kind tut es sicher gut, wieder einmal nach Deutschland zu kommen. Sie ist schon eine 200-prozentige Amerikanerin, und ich sehne mich danach, wieder auf heimatlichem Boden zu stehen und Mutti wiederzusehen …« Doch Rudolf Sieber telegrafierte sofort zurück: »Du solltest nicht nach Deutschland kommen, politische Lage jetzt gefährlich, … neue Wahlen haben Gefahr eines Bürgerkriegs heraufbeschworen …«

Ihre Mutter sei damals empört gewesen, dass »irgendwelche albernen politischen Unruhen sie daran hinderten, nach Berlin zurückzukehren«, meint Maria. Immerhin nahm Marlene Rudis Warnung ernst und sagte ihren Besuch in der Heimat ab. Nach den Dreharbeiten zur Komödie *Song of Songs*, dem ersten amerikanischen Film, den Marlene ohne von Sternberg drehte, trug sie sich wiederum mit dem Gedanken, nach Deutschland zu reisen. Und wieder hielt Rudolf Sieber sie davon ab. Er hatte die Gefahr, die für Marlene in Deutschland von den Nazis ausging, klar erkannt: Sie solle nicht ohne einen neuen amerikanischen Vertrag nach Deutschland fahren, denn nur so könne sie keiner daran hindern, das Land wieder zu verlassen. Marlene schloss daraufhin eher widerwillig einen neuen Vertrag mit der Paramount ab, der ihr die weitere Arbeits- und Aufenthaltsmöglichkeit in den Vereinigten Staaten zusicherte. Doch als sie nun glaubte, unbesorgt nach Berlin fahren zu können, telegrafierte Rudi abermals aus Paris: »Lage in Berlin schrecklich, jeder rät davon ab, dass Du kommst, … die meisten Bars und Theater sind geschlossen, … Kinos unmöglich, Straßen leer, alle Juden von Paramount sind über Wien, Prag nach Paris geschafft worden, … ich erwarte Dich in Cherbourg …«

»Mit welchem Vorwand er meine Mutter davor bewahrte, in Berlin zu arbeiten, erfuhr ich nie«, schreibt Maria über die telegrafischen Interventionen ihres Vaters. »Es muss eine knifflige Angelegenheit gewesen sein. Hitler war deutscher Kanzler, die Flüchtlinge waren nicht mehr zu übersehen, und Gerüchte von persönlichen Tragödien machten die Runde. Aber noch schien niemand allzu besorgt, außer den direkt Bedrohten und jenen wenigen, die

die Ideologie von ›Mein Kampf‹ wirklich durchschauten und sich der schrecklichen Möglichkeit bewusst waren, dass sie realisiert werden könnte. Gott sei Dank gehörte mein Vater zu diesen wenigen Erleuchteten. Ohne seinen Rat wären das Leben der Dietrich und mein Leben ganz anders verlaufen …«

Marlene war von Elternhaus und Erziehung her unpolitisch und eher konservativ eingestellt. Doch die Bohème der Zwanzigerjahre, der Umgang mit jüdischen, homosexuellen und politisch andersdenkenden Künstlern hatten ihren Horizont erheblich erweitert und sie für das, was jetzt in Deutschland geschah, sensibilisiert. Wenn Marlene auch nicht unbedingt die politischen Zusammenhänge durchschaute – dafür sollten andere schließlich noch viel mehr Zeit benötigen –, mussten die Ereignisse in Deutschland sie alarmiert und endgültig wachgerüttelt haben. Ihre Freunde und Bekannten, Menschen, die sie schätzte und verehrte, waren von den Maßnahmen der Nazis bedroht. Aber auch sie selbst war betroffen, zumindest ihre Karriere. Welche Filme hätte sie in einem Land, in dem *Dishonored* und *Der Blaue Engel* verboten waren, noch drehen können? Und mit wem hätte sie bei der Ufa zusammenarbeiten sollen, wenn alle früheren Kollegen und Auftraggeber emigriert waren? Spätestens jetzt setzte bei ihr eine zunehmende Politisierung ein, die in den folgenden Jahren immer entschiedener wurde und schließlich in das aktive Engagement auf Seiten der Alliierten im Zweiten Weltkrieg mündete.

Als sie im Frühjahr 1933 nach Europa fuhr, beherzigte Marlene also Siebers Rat, nicht nach Berlin zu kommen. In Cherbourg ging sie von Bord und begab sich von dort aus nach Paris. Nach und nach fanden sich hier Freunde, Bekannte und Kollegen, darunter Friedrich Hollaender und Mischa Spoliansky ein, die aus Deutschland emigriert waren und bestätigten, was ihr Sieber über die Zustände in ihrer Heimat erzählt hatte. Nachdem sich nun viele der Emigranten mittellos in der fremden Umgebung durchschlagen mussten, nahm Marlene sie unter ihre Fittiche und engagierte sich ihrer Tochter zufolge als »Hausmutter der aus Deutschland fliehenden Künstler«: »Die Rolle sagte ihr zu, und sie spielte sie vorzüglich. Dass sie Preußin war, vermehrte ihre Menschlichkeit. Mit meinem österreichisch-tschechischen Vater als Haushofmeister herrschte die Dietrich über ihren Flüchtlingshofstaat, und in unserem Hotel in Versailles blühte ein kleines Berlin.«

Mit dem mondänen Leben, das sie führte, schmolz allerdings auch ihr Vermögen dahin und sie musste sich Gedanken über ihre weitere Karriere machen. Nachdem sich andere Verdienstmöglichkeiten in Europa zerschlugen, war es naheliegend, die Tätigkeit in Hollywood wiederaufzunehmen, und die Paramount willigte ein. So kam Marlene im Herbst 1933 gerade rechtzeitig zu den Dreharbeiten von *The Scarlet Empress* aus Europa zurück. Nach deren Ende begab sich Marlene noch ein letztes Mal vor dem Krieg nach Deutschland. Dieser Blitzbesuch hatte rein familiäre Gründe: Zum einen wollte sie ihre Mutter noch einmal persönlich davon überzeugen, ihr nach Amerika zu folgen, was diese jedoch kategorisch ablehnte. Zum anderen sollte Marlene in Berlin für ihren Mann ein Visum für einen längeren Amerika-Aufenthalt besorgen. Eine heikle Mission. Denn in Deutschland hatten die Nazis weitere Verordnungen erlassen, die auch sie betrafen. Danach wurde den arischen Filmschaffenden, die sich ohne zwingenden Grund im Ausland aufhielten und nicht zum Aufbau einer neuen deutschen Kultur beitrugen, Sabotage vorgeworfen. Auch Marlene galt demnach als Verräterin, weil sie in Hollywood arbeitete. Dass sie jetzt nach Berlin kam, konnte von den Nazis und der deutschen Öffentlichkeit jedoch als Signal gewertet werden: Würde sie reumütig ins Reich zurückkehren, um dort »Königin des deutschen Films« zu werden, wie Joseph Goebbels es wünschte? Die Nationalsozialisten hätten es nur allzu gern gesehen, wenn der Hollywoodstar nach Deutschland zurückgekehrt wäre. Goebbels war ein großer Verehrer des *Blauen Engel*, auch Adolf Hitler soll die Dietrich geschätzt haben. Das behauptet jedenfalls Herbert Döhring, Hitlers Hausverwalter auf dem Berghof: »Viele amerikanische Filme liefen ja bei uns, die in der Öffentlichkeit nicht liefen. Und da hat er die Marlene Dietrich beruflich, schauspielerisch immer gelobt. Auf der anderen Seite hat sie Deutschland verraten, das mochte er nicht ...«, berichtet Döhring in einem Interview gegenüber dem Fernsehsender ZDF.

So wurden die Vereinigten Staaten von Amerika Marlenes Exil. Mehr als ein Jahrzehnt sollte sie keinen deutschen Boden mehr betreten und ihre Mutter und Schwester lediglich im europäischen Ausland treffen. Dabei musste sie in Hollywood genauso um ihre Karriere kämpfen wie im Berlin der Zwanzigerjahre. Zwar waren ihre Rollen jetzt wesentlich höher dotiert, aber auf Erfolge folgten immer wieder Krisen, die ihre weitere Laufbahn in Frage stellten. Nach *The Scarlett Empress* nahm sie nun das letzte gemeinsame Projekt mit Josef von Sternberg in Angriff, *The Devil is a Woman*. Im

Hinblick auf Kostüme und Regie erreichte die Zusammenarbeit der beiden Genies hier ihren Höhepunkt. Doch in den amerikanischen Kinos erlebte der Film 1935 ein Fiasko.

Während Josef von Sternberg auf Weltreise ging und danach vergeblich versuchte, an seine früheren Erfolge anzuknüpfen, musste Marlene nun ohne ihn in Hollywood zurechtkommen: Mit Richard Boleslawski drehte sie *The Garden of Allah* (1936), mit Ernst Lubitsch und Frank Borzage *Desire* (*Sehnsucht*, 1936) und *Angel* (*Engel*, 1937), mit Jacques Feyder *Knight without Armour* (*Tatjana*, 1936/37). Mit Ausnahme von *Desire* waren die Filme keine großen Erfolge – die Gesellschaftskomödie *Angel* wurde erst später zum beliebten Klassiker. Immerhin holten andere Regisseure Marlene vom sterilen Glamour-Himmel herunter, in den Sternberg sein unnahbares Geschöpf gehoben hatte. Sie wurde wieder eine elegante Frau aus Fleisch und Blut, in der sich auch die Amerikanerinnen wiedererkennen konnten. Zugleich wuchsen auch ihre Gagen. 200.000 Dollar soll sie für den längst vergessenen *The Garden of Allah* bekommen haben, den sie bei 40 Grad Hitze in der Wüste von Arizona drehte, und bei *Knight without Armour*, der von Alexander Korda in England produziert wurde, galt sie mit 450.000 Dollar sogar als höchstbezahlte Frau der Welt. Das Geld konnte sie gut gebrauchen. Sie bestritt damit nicht nur ihren Bedarf an Luxusartikeln. Sie unterstützte auch zahlreiche Emigranten, die nach und nach in Hollywood eintrafen. Vielen ermöglichte sie überhaupt erst die Flucht aus Nazi-Deutschland.

Nachdem sie die Filme ohne von Sternberg abgedreht hatte, sollte es zwei Jahre dauern, bis sie wieder vor der Kamera stand. Wieder ging sie nach Europa, das nun eine Art berufliches Exil wurde, so wie die USA ihr politisches geworden waren. Schon lange bevor sie abreiste, hatte sie in weiser Voraussicht am 6. März 1937 die amerikanische Staatsbürgerschaft beantragt. Doch die Vereinigten Staaten nahmen sich Zeit, um die potenziellen Staatsbürger auf Herz und Nieren zu prüfen. Währenddessen hielt sie sich neben den USA häufig in Frankreich, Österreich, Italien und der Schweiz auf, wo Maria ein Internat besuchte. Zwischendurch traf sie in Venedig ihren Ehemann in Gesellschaft von anderen Emigranten. Mit dabei waren Josef von Sternberg sowie Erich Maria Remarque, der ihr Liebhaber wurde. Mit ihm zog sie weiter nach Paris und an die Côte d'Azur, wo sie Bekannte und Freunde um sich scharte. Währenddessen unternahmen die Nazis immer wieder Versuche, die Emigrantin zurückzuholen. Da sie um Deutschland einen Bogen machte, schickten sie Gesandte zu ihr ins europäische Ausland, die ihr alle möglichen Anträge machten.

Während Marlenes zweijähriger Krise ohne neue Aufträge veröffentlichte obendrein die Vereinigung der unabhängigen Kinobesitzer der USA im Mai 1938 Anzeigen in den Zeitungen, in denen sie Marlene, Greta Garbo, Katherine Hepburn und andere Filmschauspielerinnen als »Kassengift« bezeichneten. Nach dieser wenig schmeichelhaften Medienattacke entließ Paramount Marlene mit einer Abfindung aus ihrem Vertrag, sodass ihre Hollywoodkarriere ein vorläufiges Ende erreichte. »Zu welcher Welt gehöre ich? Bin ich ein schlechter Star, ein erledigter Star oder einfach eine Null«, fragte sich Marlene. »Ich packte also meine Siebensachen und kehrte zu meinem Mann und meinen Freunden nach Europa zurück. Zu sagen, ich sei verzweifelt gewesen, wäre übertrieben. Im Grunde war Hollywood mir vollkommen egal. Ich war hilflos, brauchte einen guten Rat, jemanden, der mich an die Hand nahm …«

Erst nach einem Jahr in Europa reiste sie wieder in die USA, um am 9. Juni 1939 ihre Einbürgerungsurkunde entgegenzunehmen. »Ich bin als Deutsche geboren, und ich werde stets Deutsche bleiben, ganz gleich, was auch immer behauptet worden ist. Ich musste meine Staatsangehörigkeit wechseln, als Hitler an die Macht kam. Andernfalls hätte ich das nie getan«, kommentierte sie später diesen Schritt. »Amerika hat mich in seinen Schoß aufgenommen, als ich kein Vaterland mehr hatte, das dieses Namens würdig war, und ich bin ihm dankbar dafür. Ich habe in diesem Land gelebt, habe seine Gesetze anerkannt. Ich bin eine gute Staatsbürgerin geworden, aber im Grunde meines Herzens bin ich Deutsche.«

Im Frühsommer 1939 verbrachte Marlene nochmal einen Sommer an der Côte d'Azur, während die Lage in Deutschland immer bedrohlicher wurde. Sie genoss die Zeit in vollen Zügen, vielleicht, weil sie ahnte, dass dies bald nicht mehr möglich sein würde: »Wir verbrachten also herrliche Ferien«, erinnert sie sich. »Die Familie Kennedy war da, und wir lebten wirklich in einem Paradies. ... Was für ein Sommer! Wir wussten nicht, dass es der letzte sein sollte. Wir wussten nicht, dass er plötzlich zu Ende sein würde, mit Tränen und drohender Gefahr.« Erst später würde sie begreifen, dass man »Vergnügen nicht auf Vorrat« tanken kann.

Gerade rechtzeitig erhielt sie einen Anruf aus Hollywood. Der Ungar Joe Pasternak, der ebenfalls früher in Berlin gearbeitet hatte und jetzt Produzent bei der Universal war, schlug ihr vor, einen Western zu drehen. Nach reiflicher Überlegung und auf Zureden von Rudolf Sieber und Joseph Kennedy nahm sie das Angebot an. Diese Entscheidung erwies sich als sehr weise, denn die Arbeit für die Universal Studios führte sie, Maria und ihren Ehemann, der ebenfalls in die Arbeit einbezogen wurde, rechtzeitig zu Beginn des Zweiten Weltkriegs in ein sicheres Land. Zudem brachte der Film *Destry Rides Again* (*Der große Bluff*) ihre Karriere wieder ins Lot. Das von Friedrich Hollaender für den Film komponierte Lied »See What the Boys in the Backroom Will Have« war ähnlich erfolgreich wie »Ich bin von Kopf bis Fuß auf Liebe eingestellt«, sodass sie es nicht mehr aus ihrem Repertoire strich. Es begleitete sie sowohl bei der Betreuung von US-Truppen als auch bei unzähligen späteren Konzerten.

Nach *Destry Rides Again* drehte Marlene bis 1942 gleich sechs Filme in rascher Abfolge: *Seven Sinners* (*Das Haus der sieben Sünden*), wo sie in Marineuniform zusammen mit John Wayne – und ihrer berühmten singenden Säge – brilliert, *The Flame of New Orleans* (*Die Abenteuerin*) von René Clair, *Manpower* (*Herzen in Flammen*), wo sie wieder ein Barmädchen ist, *The Lady is Willing*, *The*

Spoilers (*Die Freibeuterin*) und schließlich *Pittsburg*.

Angesichts der Tatsache, dass auch Japan den USA im Dezember 1941 den Krieg erklärte, konnte sie jedoch nicht weiter in der künstlichen Welt der Studios verharren. »Lange schon hatte ich überlegt, was ich tun würde, wenn Amerika in den Krieg einträte«, schrieb Marlene später. »Ich hatte Zeit, noch einen Film zu machen und tat das auch. Aber währenddessen bereitete ich mich schon auf meine Abreise und einen langen Aufenthalt im Ausland vor – so lange wie der Krieg dauern würde.«

Zunächst wurde Marlene für das Hollywood Victory Committee tätig, das am Tag der Kriegserklärung Japans an Amerika gegründet worden war. Wie andere Stars und übrigens auch ihre Tochter Maria, die inzwischen eine Schauspielerkarriere begonnen hatte, machte sie im Radio Werbung für den Verkauf amerikanischer Kriegsanleihen. Sie tourte fast zwei Jahre durch das ganze Land und tingelte sogar durch zwielichtige Bars, um Geld für die gute Sache einzutreiben. »Unsere Tourneen waren anstrengend. Sechs bis acht Auftritte am Tag und manchmal auch noch einige am Abend. Ich musste in die Fabriken gehen und die Arbeiter auffordern, einen gewissen Prozentsatz ihres Lohnes dem Staat zu geben ... Ich brachte eine Million Dollar zusammen«, berichtet Marlene in ihren Erinnerungen. Gleichzeitig beendete sie letzte Filmprojekte.

Kurz nachdem *Kismet* abgedreht war, kehrte sie der Filmbranche den Rücken, um in Afrika und Europa aktiv gegen das Hitler-Regime zu kämpfen. Als die Mobilmachung bevorstand, meldete sie sich, um für die United Service Organization (USO) zu arbeiten, die während des Zweiten Weltkriegs für die Betreuung der US-Truppen zuständig war. Ihre neue Rolle bestand darin, den Soldaten während ihrer Einsätze Mut zu machen. In dem Entschluss hatte sie zweifelsohne ihre große Liebe, Jean Gabin, den sie 1938 in Frankreich kennengelernt hatte, bestärkt, der sich kurz zuvor freiwillig gemeldet hatte, um in Nordafrika für das freie Frankreich zu kämpfen. Am 20. März 1944 hatte ihre Show, für die sie auch eigene Texte schrieb, Premiere. Kurz darauf, am 4. April, wurde sie mit einem Transportflugzeug über den Atlantik geschickt. Wollte sie ihren Boys und speziell Gabin nahe sein? War es Abenteuerlust, die die 42-Jährige dazu veranlasste, die teuren Hollywoodkostüme gegen eine Militäruniform einzutauschen? Es ist gut möglich, dass solche Anwandlungen ihre Entscheidung beeinflussten. Dieses harte, entbehrungsreiche Engagement hätte sie jedoch ohne eine tiefe politische Überzeugung nicht überstanden. Auch wenn sie auf Fotos mit GIs fröhlich in die Kamera lächelt und zeitweise das Bad in der männlichen Menge genoss – mit Romantik hatten die unzähligen Auftritte vor Zigtausenden von Soldaten nichts zu tun.

Im Juni 1944 wurde sie schließlich in die USA zurückkommandiert. Man zog Bilanz über die erfolgreiche Arbeit und bereitete bereits den nächsten Einsatzplan vor. Nachdem sie erstaunt zur Kenntnis genommen hatte, wie gleichgültig die amerikanische Öffentlichkeit dem Krieg gegenüberstand, startete sie im September Richtung England. Bis Juli 1945 folgten Stationen in Holland, Belgien und Frankreich. Auch hier sang sie Lieder wie »See What the Boys in the Backroom Will Have« oder die englische Version von »Lili Marleen« und zeigte – mitten im kalten Winter – ihre Beine unter dem transparent erscheinenden Paillettenkleid, das sie später für ihre Bühnenauftritte nacharbeiten ließ. Zweifellos litt sie unter den harten Bedingungen an der Front. Die Kälte machte ihr ebenso zu schaffen wie eine Lungenentzündung, von der sie sich nur dank des kurz zuvor erfundenen Penizillins erholte, und ihre Nerven beruhigte sie häufig mit Calvados. Aber die Gesundheit zählte in dieser Zeit wenig. Wichtig waren für sie nur drei Dinge: »Essen, schlafen, in Deckung gehen«. Im Übrigen hatte sie genug mit den Filzläusen zu tun, die sie immer wieder befielen, und mit den Ratten, die in mancher Nacht mit ihren kalten Pfoten über sie hinweghuschten. Zwischendurch soll sie auch deutsche Lieder aufgenommen haben, die der US-Geheimdienst OSS über den Soldatensender West sendete, um deutsche Soldaten zur Umkehr zu bewegen.

Zuletzt betrat Marlene auch deutschen Boden, als die Front durch ihr Vaterland verlief. Für sie war es sicherlich der schwierigste Einsatz. Nicht allein wegen der Emotionen, die für sie mit Deutschland verbunden waren. Es hätte auch gefährlich werden können, vor ihren Landsleuten in US-Uniform zu erscheinen. »Morgen werden wir in Deutschland einmarschieren und Sie gehören momentan zu der Einheit, die als erste deutsches Gebiet betreten wird«, soll General Omar Bradley zu ihr gesagt haben. »Ich habe das Problem mit Eisenhower besprochen, und wir halten es für besser, Sie würden im Hinterland bleiben und zum Beispiel Krankenhäuser besuchen. Wir wollen nicht, dass Sie in Deutschland gesehen werden; falls Ihnen etwas zustößt, könnten wir keine Verantwortung übernehmen und der Kritik, die sich sofort erhöbe, nicht einmal widersprechen.« Aber Marlene ließ sich nicht davon abhalten, ihre Mission zu Ende zu bringen. Sie erhielt die Erlaubnis, mit in die zerstörten Städte und Ortschaften vorzurücken, und stellte überrascht fest, dass man sie gar nicht als Feindin empfing: »Die Leute auf der Straße dachten nur daran, mich zu umarmen, sie baten mich, mich bei den Amerikanern für sie einzusetzen, sie hätten gar nicht freundlicher sein können«, erinnert sich Marlene.

Während sie die US-Truppen unterhielt und mit ihnen durch Deutschland zog, stellte sie sich immer wieder die Frage, was aus ihrer Familie in Deutschland geworden war. Ob ihre Mutter und ihre Schwester noch am Leben waren? Wie hatten sie die Bombardierungen überstanden? Sie erfuhr, dass ihre Schwester im Konzentrationslager Bergen-Belsen war, bekam die Erlaubnis, mit einem Militärflugzeug dorthin zu fliegen – und machte eine merkwürdige Entdeckung: Elisabeth gehörte nicht etwa zu den KZ-Opfern, wie sie befürchtet hatte, sondern hatte mit ihrem Mann eine Art Kantine für die Hilfstruppen der Wehrmacht geführt und dabei anscheinend ganz gut gelebt. Die private Marlene mag beruhigt darüber gewesen sein, dass ihre Schwester zwar nicht bei bester Gesundheit, aber immerhin nicht den Qualen im Konzentrationslager ausgesetzt gewesen war. Doch als überzeugte Antifaschistin war sie entsetzt. Wenn sie offenbar auch weiterhin einen gewissen Kontakt zu ihr pflegte – offiziell hatte sie nun keine Schwester mehr. Elisabeth tauchte fortan weder in ihren Erzählungen noch in ihrer Autobiografie auf.

Bevor sie ihre Mutter aufsuchen konnte, wurde sie in die USA zurückgebracht. Der Empfang, den man ihr jetzt bereitete, war wesentlich nüchterner als bei ihren früheren Einreisen. Die Amerikaner, die den Krieg »nur noch aus Geschichtsbüchern« kannten, waren mit anderen Dingen beschäftigt, als die Helden zu feiern, die Europa von den Nationalsozialisten befreit hatten. Umso mehr bedeuteten ihr später die Ehrungen, die sie für ihr politisches Engagement erhalten hatte, auch mehr als ein Oscar, den sie nie bekam. Frankreich ehrte sie mit der Nadel der französischen Ehrenlegion, und zwar in drei Stufen vom »Chevalier« über den »Officier« bis zum »Commandeur«. Israel verlieh ihr mehrere Ehrenmedaillen und Belgien den »Leopoldsorden«. In den USA selbst wurde ihr als erster Frau die »Medal of Freedom« zuteil, die höchste Auszeichnung für Zivilisten in den Vereinigten Staaten.

Doch im Sommer 1945 hatte Marlene vor allem einen Wunsch: Sie wollte so bald wie möglich nach Europa zurückkehren, um ihre Mutter zu sehen. Nach einem kurzen Aufenthalt in Paris kam sie – noch in US-Uniform – nach mehr als einem Jahrzehnt wieder in ihre Heimatstadt Berlin. Endlich traf sie Josephine von Losch, die inzwischen in der Friedenauer Fregestraße untergekommen war und blieb dort mehrere Wochen. Abends trat sie im Titania-Palast vor US-Soldaten auf, tagsüber sah sie sich in der zerstörten Stadt nach vertrauten Gesichtern um. Identifizierte man sie mit dem Feind, der mit dazu beigetragen hatte, die Stadt in Schutt und Asche zu legen? Spürte sie schon die Ablehnung, die ihr bald darauf von den Berlinern entgegengebracht werden würde?

Im November 1945 kam Marlene erneut zurück, als ihre Mutter plötzlich an Herzversagen gestorben war. An eine feierliche Beerdigung war in diesen Zeiten nicht zu denken. Auf Grund des Holzmangels sollen GIs aus Schulbänken einen Sarg gezimmert haben, und nur wenige kamen, um Josephine das letzte Geleit zu geben. Nachdem der »gute General« auf dem Friedhof in der Friedenauer Stubenrauchstraße beerdigt war, schien das letzte Band zu ihrer Heimat durchtrennt. Es folgte ein erneuter Abschied, nur eine innere Verbindung zu Berlin sollte bestehen bleiben.

Das innere Band

»Wichtig ist, einen Kokon um sein Herz zu spinnen, den Einfluss der Vergangenheit zurückzudrängen. Bauen Sie nicht auf die Anteilnahme anderer. Man kann sehr gut ohne sie auskommen, das weiß ich. Was bleibt, ist die Einsamkeit.«

Die Nachkriegszeit war nicht nur für die Deutschen deprimierend. Auch in den Vereinigten Staaten waren die späten Vierzigerjahre von Ernüchterung gekennzeichnet und Marlene musste sich in ihrem neuen Leben erst wieder einfinden. Zwar war sie eine Legende, wurde zudem für ihre Verdienste ausgezeichnet, aber vom Ruhm allein konnte sie nicht leben. Zumal der Krieg sie finanziell ruiniert hatte.

Mit Hollywood meinte sie abgeschlossen zu haben, doch im Deutschland der Nachkriegszeit hätte sie beruflich schon gar nicht Fuß fassen können. So irrte sie zwischen Paris und den USA hin und her, ohne zu wissen, was sie mit ihren Orden und ihren Schulden beginnen sollte.

Als sie das Angebot erhielt, mit dem Regisseur Mitchell Leisen *Golden Earrings* zu drehen, ging Marlene reumütig nach Hollywood zurück. Der Film wurde ein Kassenerfolg und brachte sie in Hollywood wieder ins Geschäft. Bevor sich nun auch Alfred Hitchcock, Fritz Lang und Orson Welles für den reifen Star interessierten, bekam sie 1948 die Hauptrolle in Billy Wilders *A Foreign Affair* (*Eine auswärtige Angelegenheit*). Sie verkörpert eine Antifaschistin, die auf der Seite der Amerikaner gegen Hitler gekämpft hatte, eine Deutsche, deren Geliebter ein hohes Gestapo-Mitglied gewesen war. Ihre Darstellung wirkt auch deswegen so überzeugend, weil sie sich in die Lage der Deutschen, insbesondere der deutschen Frauen versetzen konnte. Großartig ist auch ihr Beitrag in dem Gerichtsdrama *Witness for the Prosecution* (Zeugin der Anklage) und in *Judgment at Nuremberg* (*Das Urteil von Nürnberg*). In dem Film, der sich direkt mit der jüngsten deutschen Vergangenheit auseinandersetzt, spielte Marlene aus politischer Überzeugung mit. Finanzielle Erwägungen dürften für sie, die mittlerweile auch eine zweite Karriere als Entertainerin begonnen hatte und dort ganz andere Summen verdiente, keine Rolle gespielt haben.

Das Kapitel deutsche Vergangenheitsbewältigung schloss Marlene 1962 schließlich durch ihre Mitwirkung in *The Black Fox, The True Story of Adolf Hitler*, unter der Leitung von Louis C. Stoumen ab. In dem Dokumentarfilm wird Hitlers Aufstieg in Anlehnung an Goethes Fabel *Reineke Fuchs* dargestellt, Marlenes Rolle beschränkt sich auf die der Sprecherin. Der Film gewann den Oscar für den besten Dokumentarfilm, aber in Deutschland verhallte die Botschaft ungehört.

Inzwischen rückte seit den Fünfzigerjahren Marlenes Karriere als Sängerin und Entertainerin in den Vordergrund. Eine Tätigkeit, die sie auch der deutschen Sprache wieder näherbrachte. Gemeinsam mit Max Colpet übersetzte sie Pete Seegers »Where have all the flowers gone?« in ihre Muttersprache und nahm nicht nur die früheren Songs von Friedrich Hollaender in ihr Programm auf, sondern auch Lieder wie »Allein in einer großen Stadt«, »Paff, der Zauberdrachen« oder »Ich hab' noch einen Koffer in Berlin«. Zu ihrem Repertoire gehörten außerdem Berliner Lieder wie »Das war in Schöneberg«, »Lieber Leierkastenmann«, »Durch Berlin fließt immer noch die Spree« und »Nach meine Beene ist ja ganz Berlin verrückt«, die auf einer Schallplatte mit dem bezeichnenden Titel *Das war mein Milljöh* zusammengepresst wurden.

Nicht nur in Mexiko, Brasilien, Argentinien, Südafrika, Japan, der Sowjetunion, Polen, Australien und vielen europäischen Länder wie Schweden und Belgien brillierte sie mit ihren Hommagen an

Berlin, sondern auch in Israel, wohin sie ihre Welttournee führte. Dort trug sie sogar dazu bei, die Sprache der Holocaust-Täter bühnenfähig zu machen: »Die deutsche Sprache war damals nämlich den Künstlern, die in Israel auftraten, verboten«, erinnert sie sich, »und ich hatte mich darauf vorbereitet, auf Französisch oder Spanisch zu singen ... Ich war also sehr überrascht, als ich erfuhr, dass das Publikum mich aufgrund meines Engagements gegen das Hitlerregime in meiner Muttersprache singen hören wollte«, beschreibt sie den erfolgreichen Auftritt.

Weniger gute Erfahrungen machte sie dagegen in ihrem Heimatland. Schon bevor sie 1960 nach Deutschland kam, schlugen die Wellen hoch. »Jubel und Protest: Marlene kommt!« stand auf dem Titelblatt der *Neuen Illustrierten* vom 16. April 1960. Viele freuten sich, dass der Star, der überall in der Welt gefeiert wurde, endlich auch hier zu sehen und zu hören sein sollte. Andere verübelten ihr, dass sie sich dafür 15 Jahre Zeit gelassen hatte. Außerdem erinnerten sie sich daran, dass Marlene gegen ihr Vaterland gekämpft und in der Uniform der Besatzungsmacht deutschen Boden betreten hatte. Das problematische Verhältnis zur eigenen Vergangenheit eskalierte bei Marlenes Besuch. Sie wurde öffentlich als Vaterlandsverräterin beschimpft, es wurde zum Boykott ihrer Konzerte aufgerufen, ja, es gab sogar Bombendrohungen. »Die waren mir doch beese«, sollte Marlene später im Interview mit Maximilian Schell die Reaktionen auf den Punkt bringen. »Das war Hassliebe. Die liebten mich und die hassten mich.«

Die Hasstiraden wurden teilweise so unerträglich, dass der Journalist Adolf Volbracht die Dietrich-Gegner mit der Schlagzeile »Haltet den Mund!« zur Räson rief. »Jetzt reißt mir die Geduld!«, schreibt er. »Wem hat die Dietrich eigentlich etwas getan? Seit Tagen, seit Wochen, seit die ›BZ‹ Marlenes Gastspiel ankündigte, landen (zum größten Teil anonyme) Briefe auf meinem Schreibtisch, die voll sind von Hass gegen diese Frau.« Im Weiteren versucht er, die Tatsachen zurechtzurücken und schließt mit den Sätzen. »Zum Glück sind die Marlene-Gegner in der Minderzahl – wenn auch lautstark. Die anderen Berliner haben niemals ›ihre Marlene‹ vergessen. Und sie freuen sich, wie ich mich freue, dass sie kommt. Ihr anderen: Lasst sie in Ruhe! Kümmert Euch um Eure eigene Vergangenheit.«

Marlene gab im »Hotel Hilton« in der Budapester Straße, dem heutigen »Intercontinental«, in dem sie die Präsidentensuite bewohnte, anlässlich ihres Berlin-Besuches eine Pressekonferenz. Von dort berichtete Mathias Walden unter anderem erstaunt über die Deutschkenntnisse des Gastes: »Ja, die Dietrich ist es gewöhnt, schlagfertig zu antworten«, stellt er fest. »Sie spricht deutsch, als wäre sie immer hier gewesen. Ohne die affektierte Suche nach Vokabeln, wie man sie von komödiantischen Emigranten kennt.« Außerdem waren die Journalisten beeindruckt von der Souveränität, der Eleganz und den intelligenten Antworten der Diva. Noch beeindruckter zeigten sie sich von ihrem Auftritt im Titania-Palast an der Steglitzer Schlossstraße am 3. Mai 1960. »Der Funke sprang beim ersten Takt über«, lautete die Überschrift im *Tölzer Kurier*. »Am Dienstagabend wurde das von Jean Cocteau annoncierte ›Wunder‹ Wirklichkeit für die Berliner: Im Titania-Palast eröffnete der ›Blaue Engel‹ von einst die dreitägige ›Marlene-Dietrich-Show‹«.

Noch euphorischer äußerte sich die *Neue Rhein-Zeitung*: »Die Stimme der Dietrich kann schmachten, drohen, locken und schmeicheln, sie kann kess und traurig, ordinär und hoheitsvoll und alles zugleich und ganz sein … Als sie zum Schluss, nachdem sie ihre Lieblingslieder (…) vorgetragen hatte, noch den Schlager ›Ich hab' noch einen Koffer in Berlin‹ sang, gab es im Zuschauerraum kein Halten mehr. Die Leute stürmten zur Bühne und verhängten ›Belagerungszustand‹ über den in Hollywood ansässigen Star aus Berlin-Schöneberg.« Die Gruppe von Demonstranten, die vor dem Titania-Palast Schilder mit der Aufschrift »Marlene go home« hochgehalten hatten, bezeichnet der Artikel als »Unverbesserliche nazistisch-nationalistischer Einstellung«, als »Krakeeler« und »Halbstarke«.

Nachdem Marlene ihre drei Konzerte beendet, sich im Beisein von Willy Brandt in das Goldene Buch der Stadt eingetragen und sich im Berlin der Sechzigerjahre umgesehen hatte, setzte sie ihre Deutschland-Tournee fort. Die Kritiken waren ebenso positiv wie in Berlin. Dennoch hinterließ der Besuch in der Heimat einen bitteren Nachgeschmack bei ihr. Abgesehen davon, dass sie bei ihrem Auftritt in Wiesbaden stürzte und sich dabei die Schulter brach, wurde sie in Düsseldorf von einem 18-jährigen Mädchen auf offener Straße bespuckt und als Verräterin beschimpft. »Ich persönlich glaube, dass Marlene vor allem nach Deutschland zurückgekehrt war, um auszuloten, ob sie ihren Lebensabend möglicherweise in ihrer Heimat verbringen könnte … Aber nachdem man ihr ins Gesicht gespuckt hatte, kam das wohl nicht mehr in Frage. Dadurch wurde klar, dass sie nie nach Hause gehen könnte, weil Deutschland sie nicht haben wollte«, soll Bernhard Hallo Steven Bach zufolge geäußert haben.

Die deutsche Sprache begleitete sie jedoch weiterhin bei ihren Konzerten. »Es ist schlimm genug, sein Vaterland zu verlieren«, soll sie in Israel gesagt haben. »Ich könnte nicht auch noch die Sprache aufgeben.« In den folgenden 15 Jahren wurde sie weiterhin in Ost und West gefeiert, unter anderem in Moskau und Warschau, wo sie einen Kranz am Denkmal für die Aufständischen im Warschauer Ghetto niederlegte, weil sie sich als Deutsche mitschuldig an den Verbrechen der Nazis fühlte. Bis 1976 tourte sie durch die Welt und gab die zweite Karriere erst auf, als sie im Alter von fast 74 Jahren in Sydney auf der Bühne einen Oberschenkelhalsbruch erlitt.

Die restlichen 16 Jahre lebte Marlene in Paris, der Stadt, deren blaues Licht sie so begeisterte. Ihre Wohnung in der Avenue Montaigne 12 verließ sie immer seltener, aber sie meldete sich noch einmal beim Film zurück. Nach dem 1978 entstandenen *Schöner Gigolo, armer Gigolo* ließ sie sich von Maximilian Schell – vielleicht auch auf Grund ihrer chronischen Geldnot – zu dem dokumentarischen Interview-Film *Marlene* überreden. Vor der Kamera erscheint sie dabei nicht mehr, aber ihre gealterte

Stimme unterlegt in eindrucksvoller Weise die Bilder, die der österreichische Regisseur (und frühere Kollege aus *Judgement at Nuremberg*) 1982/83 zu diesem authentischsten Porträt der Dietrich zusammengefügt hat.

Am Mittwoch, dem 6. Mai 1992 starb Marlene sanft und friedlich in ihrem letzten Domizil. Der blaue, graue Engel hatte nach knapp 91 Jahren seine Ruhe gefunden. Kurz darauf fand eine Trauerfeier in der Pariser Église de la Madeleine statt, bei der Marlenes Sarg mit der französischen Trikolore und ihren Orden geschmückt war. Anschließend wurde er mit dem amerikanischen Banner bedeckt nach Berlin überführt. Tausende begleiteten Marlene am 16. Mai auf dem Weg zu ihrer letzten Ruhestätte auf dem kleinen Friedhof in der Stubenrauchstraße 43–45 in Berlin-Friedenau. Den Wunsch, in ihrer Heimatstadt in nächster Nachbarschaft zum Grab ihrer Mutter beerdigt zu werden, hat sie zwar nicht schriftlich niedergelegt, aber ihrer Tochter gegenüber unmissverständlich zum Ausdruck gebracht. Nicht zuletzt mit dem Titel ihrer Memoiren »Ich bin, Gott sei Dank, Berlinerin« hat sie sich zu ihrer Geburtsstadt bekannt. Und damit der Beziehung Deutschlands zu seinem schillernden Weltstar eine neue Qualität gegeben.

Bibliografische Information der Deutschen Nationalbibliothek: Die Deutsche Nationalbibliothek verzeichnet diese Publikation in der Deutschen Nationalbibliografie; detaillierte bibliografische Daten sind im Internet über http://dnb.d-nb.de abrufbar.

Asternplatz 3, 12203 Berlin
post@bebraverlag.de
Lektorat: Marijke Leege-Topp, Berlin
Umschlag: Goscha Nowak
(Foto: akg-images / Glasshouse Images)
Satz: typegerecht berlin
Schriften: Korolev, Stempel Garamond
Druck und Bindung: Finidr, Český Těšín
ISBN 978-3-8148-0301-2

www.bebraverlag.de

MIX
Papier aus verantwortungsvollen Quellen
FSC
www.fsc.org
FSC® C014138